CRH 系列动车组培训教材

CRH 系列动车组故障处理汇编

铁道部运输局　编

中国铁道出版社

2013年·北　京

图书在版编目(CIP)数据

CRH 系列动车组故障处理汇编/铁道部运输局编．—北京：中国铁道出版社，2008.4（2013.3 重印）
CRH 系列动车组培训教材
ISBN 978-7-113-08708-1

Ⅰ.C…　Ⅱ.铁…　Ⅲ.动车-故障修复　Ⅳ.U266

中国版本图书馆 CIP 数据核字(2008)第 030090 号

书　　名：CRH 系列动车组故障处理汇编
作　　者：铁道部运输局　编

责任编辑：聂清立　王风雨
封面设计：冯龙彬
责任校对：张玉华
责任印制：郭向伟

出版发行：中国铁道出版社
地　　址：北京宣武区右安门西街 8 号　　邮政编码：100054
网　　址：www.tdpress.com　　电子信箱：发行部 ywk@tdpress.com
总编办 zbb@tdress.com
印　　刷：北京精彩雅恒印刷有限公司
版　　次：2008 年 3 月第 1 版　2013 年 3 月第 3 次印刷
开　　本：787mm×1092mm　1/32　印张：5　字数：103 千
印　　数：11 001～13 000 册
书　　号：ISBN 978-7-113-08708-1
定　　价：18.00 元

前言

2007 年 4 月 18 日，我国铁路成功实施第六次大面积提速调图，时速 200～250 公里动车组开行，标志着中国铁路进入了高速时代，跨入了世界先进行列，极大地提高了运输效率和经济、社会效益，必将对我国国民经济的发展起到巨大的推动作用。

动车组司机、随车机械师是保证动车组安全、优质、高效开行的重要岗位，全面提高其素质至关重要。动车组开行后，大量新设备、新技术不断投入运用，铁道部对《铁路技术管理规程》、《动车组操作规程》等一系列规章制度进行了修订和完善。为此，我们组织专业人员编写了这套 CRH 系列动车组培训教材。

《CRH 系列动车组故障处理汇编》结合动车组运用以来的实际运营情况，本着培训、考核、使用一体化的原则，涵盖了动车组司机、随车机械师应掌握的动车组故障处理基本知识及应急处理方法，内容简明扼要，通俗易懂。本书按 CRH_1、CRH_2、CRH_5 三种车型编写，既体现了教材的系统性和联贯性，又注重了规范性和实用性，不但能够满足现行时速 200～250 公里动车组培训需要，同时也适应时速 300 公里动车组培训的需要，是动车组司机、机械师培训、考核及日常工作学习的规范教材。

随着实际运营经验的积累，我们将对应急故障处理办法进行补充和完善，恳请广大应用人员提出宝贵意见。

铁道部运输局

二〇〇八年一月

目录

动车组故障处理基本原则

1. 为保证动车组列车运行安全，司机和随车机械师应随时注意动车组运行状态，发现故障时应立即通知对方。遇动车组供电、空调故障等原因影响列车服务质量时由随车机械师通知列车长；动车组故障造成列车停车、运缓或需要停车处理时，司机应向就近车站值班员、列车调度员报告。

2. 动车组途中发生故障时，司机应按车载设备信息监控装置的提示，按步骤及时处理，并通知随车机械师。

3. 经处理确认无法正常工作时，司机应按车载信息监控装置的提示和随车机械师的要求，选择维持运行或停车等方式，并使用无线调度通信设备报告车站值班员或列车调度员，使用车载电话报告本段调度室。

4. 在运行中，司机不得离开座位；在停车状态下，除避险等特殊情况外，司机不得离开司机室。

5. 故障处理分工：

（1）司机操作部分：司机室 LKJ、CIR 的处理；受电弓的切换、主断开关的操作、RS 的复位、断电上电复位、EGS 操作；停车状态下司机室内可独立进行的其他开关的操作。

（2）随车机械师操作部分：ATP 主机复位、隔离；动车组客运服务设备设施；操纵端司机室以外的动车组运行配电盘、服务配电盘、车门、受电弓、车下设备。

（3）故障处理需要双方配合时，司机应根据随车机械师的要求进行操作。

第一章　CRH1 型动车组故障处理

一、运行中 IDU 上无网压及速度显示

故障现象：动车组在正常运行过程中，操纵端 IDU 突然无网压及速度显示。如图所示：

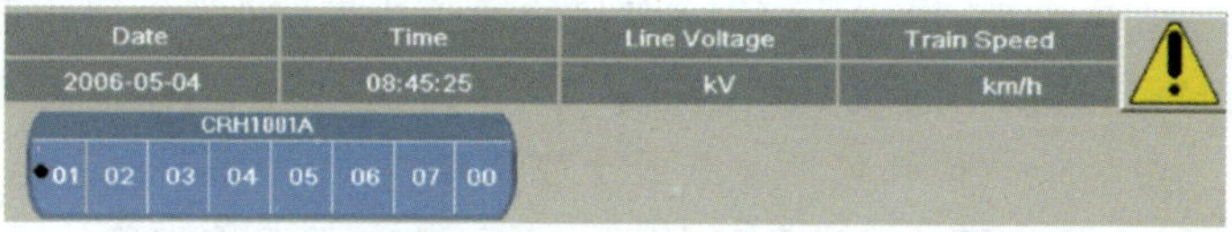

故障原因：操纵端 IDU 与 TDS CCU 的数据传输出现异常所致。

应急处理：此时动车组列车在正常运行，说明实际网压及速度正常，仅为 IDU 数据转输方面的故障引致。此时不需要其他操作，运行中可以依据 ATP 或 LKJ2000 的显示速度维持运行。到站后重新激活主控钥匙，网压及速度的监测数据将会自动恢复。

二、运行中 IDU 上显示一个动力单元为灰色

故障现象：运行中 IDU 显示其中一个动力单元为灰色。如图所示：

或者

或者

故障原因：由 MVB 线路引起的通信中断、网关故障引起的 MVB 通信中断或 IDU 内部故障。

应急处理（机械师按下列步骤处理）：

1. 应立即对其他 IDU 的动力单元状态进行检查确认。

2. 如检查其他 IDU 上各动力单元状态良好，说明仅为该动力单元的 TDS CCU 与 IDU 存在数据通信方面的问题。此时各动力单元实际工作正常，TCMS 系统不会进行限速，所以在运行中不需要停车处理，可以继续维持运行。等到站停车后，将操作端主控钥匙转至“0”位，再次转到“1”位重新激活。此操作将会重新配置网络，等配置完成后重新登陆，故障将消除。

3. 如机械师在其他 IDU 上检查该动力单元的状态也显示灰色时，应立即检查该动力单元的车内照明及空调的工作情况（如果此时单元内照明及空调均处于正常工作状态，说明同为 TDS CCU 与 IDU 数据通信方面的问题，按上面的应急方法处理），但如果单元内仅剩应急照明及紧急通风则可以判定此动力单元的 MVB 通信中断，此动力单元的牵引系统将无法正常工作。关于此故障的详细处理参照下面“第三、四、五条”的处理方法。

案　例：CRH1－001动车组担当D809次，在广州东站开车前IDU上显示第一动力单元灰色，机械师立即检查其他IDU的状态显示，在确认实际动力单元处于工常工作状态后，晚点始发2 min。

故障原因：动力单元一的IDU与TDS CCU的数据传输出现异常所致。

处理方法：将操作端主控钥匙转至“0”位，再次转到“1”位重新激活。配置网络完成后重新登陆，故障已消除。

三、操纵端动力单元的MVB通信中断（二级主控模式可用）

故障现象：动车组在运行当中，突然自动降弓并产生紧急制动停车，同时此动力单元的常用照明熄灭仅剩应急照明，而且空调系统仅剩紧急通风。同时，司机操纵台上的禁止牵引灯亮。

故障原因：出现此故障说明操纵端的动力单元的某段MVB上存在通信故障，此时，主计算机TC CCU所在的MVB总线已丧失所有的控制及反馈的功能。这将会导致故障单元的照明、制动、牵引等系统无法正常工作。

应急处理：

1. 不要尝试对动车组断K1柜内蓄电池接触器的复位操作（因通信中断，此复位指令根本无法发送至其他受控单元的网关执行）。

2. 当动车组因单元通信中断而停车时，TCMS 系统将会自动启用第二主控模式，司机只需要保持钥匙在激活位，在通信中断大约 10～15 s 后第二主控模式将会自动启用，此时 ATP 及 LKJ2000 主机自动启动，同时司机室右侧的第二主控模式指示灯将亮起（如图所示）。

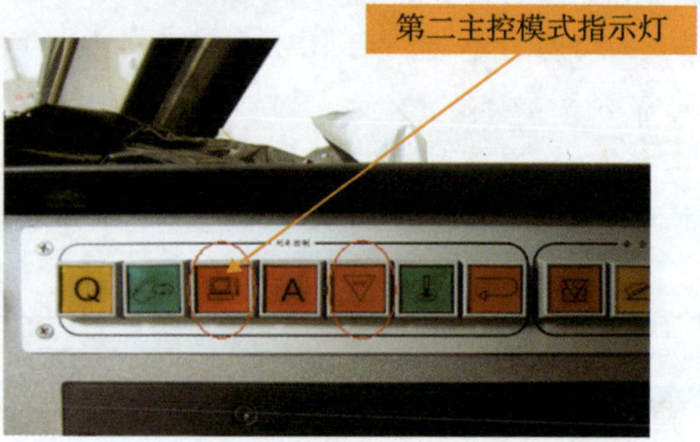

3. 在第二主控模式启用后，登陆 ATP 主机后此时牵引禁止灯将熄灭，动车组将可以在缺少操纵端动力单元的情况下维持牵引。发生该情况时，司机不要人为按下停放制动按钮，因为停放制动将处于通信中断前的状态且无法在操纵端司机室内监控。二级主控模式下该动力单元的空气制动机将自动处于缓解状态，但机械师要加强对动车组状态的观察，如果发现有施加制动或停放制动的情况要立即停车，机械师检查并手动缓解此车的制动机后才能继续开车。

4. 维持运行到站停车后，尝试将主控钥匙重新激活，进行网络重新配置以消除故障。故障如仍未能恢复，可采用断开车下蓄电池的应急方法处理。

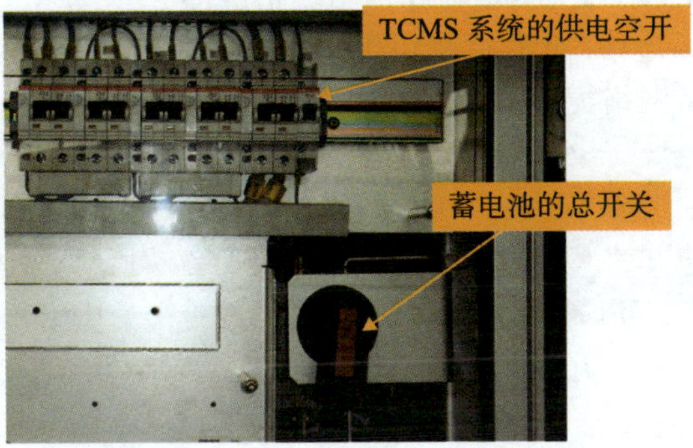

5. 机械师分别打开M1、M2、M3、Tp1和Tp2五个车厢U4区的110 V配电柜，断开全车5个蓄电池总开关，待30 s后重新依次闭合各个蓄电池的总开关。然后重新激活司机室，TCMS控制系统将会重新初始化以消除各种数据通信堵塞等软件故障。（为了防止蓄电池总开关在分、合作用时产生的浪涌电压损坏TCMS系统的模块，在断开每个蓄电池总开关前，必须先断开TCMS系统的供电空开；在断开每个蓄电池总开关前，先闭合蓄电池总开关，然后才闭合TCMS系统的供电空开。）

6. 以上操作仍无法恢复时说明此故障为硬件故障，则需要返回检修库检修。

四、操纵端动力单元的MVB通信中断（二级主控模式不可用）

故障现象：动车组在运行当中，操纵端动力单元的MVB通信中断，并且二级主控模式也无法自动启用。

故障原因：当此故障出现，表示该操纵端动力单元的TC CCU无法正常工作。同时，如果二级主控也无法自动启用，说明冗余的 MVB 端也存在网络通信故障。

应急处理：此时可将司机钥匙扭到“0”位，再回到“1”位重新激活网络配置。如仍无法恢复，需直接申请救援。

案　例：CRH1－011A 动车组担当 D705 次运行任务，12:30车组突然出现主断跳闸，受电弓自动降下，停放制动灯闪亮。司机按升弓按钮，TP2 受电弓升起，IDU 显示 TP1 主断合不上，2、3 号车厢制动故障，1 号车厢停放制动故障。车组维持运行到下元站停车，12:33停车，司机、机械师在 MC1 车进行主控复位，故障没有消除，然后进行断蓄电池复位，故障依然没有消除，IDU 报 TP1、M1 车 MVB 车通信故障，第二单元通信丢失。12:48司机申请救援。

故障原因：车组入库后，经检查发现引起 MVB 通信故障的中断点位于 Tp1 车 M1 车 DCU5 的门控单元。运行中 DCU5 的通信板存在不稳定的情况，导致整段 MVB 通信中断，此 MVB 段内的所有控制单元因此无法正常工作。

处理方法：更换了通信状态不稳定的 M1 车 DCU5 的门控单元后，故障消除。

五、非操纵端动力单元的通信中断

故障现象：动车组在运行当中，操纵端的 IDU 上显示另一端司机室的动力单元或第三动力单元的为灰色的未知通信状态。检查其他车的 IDU 均显示其为灰色的未知通信状态，同时此动力单元的常用照明熄灭仅剩应急照明，而且空调系统仅剩紧急通风。

故障原因：该动力单元的 TC CCU 已不能正常工作，此动力单元上的牵引、空调均受影响。

应急处理：

1. 动力单元的通信中断将导致其无牵引动力输出而限速，对此类型的故障不要尝试进行断开蓄电池接触器的操作，因为通信中断，断开指令无法正常传送。维持运行到站停车后，将主控钥匙重新激活，进行网络重新配置后一般可恢复正常。

2. 故障如仍未能恢复，机械师可采用断开全车蓄电池的方式处理：打开 M1，M2，M3，Tp1 和 Tp2 五个车厢 U4 区的 110V 配电柜，断开全车 5 个蓄电池总开关，待 30 s 后重新依次闭合各个蓄电池的总开关。然后重新激活司机室，TCMS 控制系统将会重新初始化从而消除各种软件方面的故障。（为了防止蓄电池总开关在分、合作用时产生的浪涌电压损坏 TCMS 系统的模块，在断开每个蓄电池总开关前，必须先断开 TCMS 系统的供电空开；在断开每个蓄电池总开关前，先闭合蓄电池总开关，然后才闭合 TCMS 系统的供电空开。）

3. 以上操作仍无法恢复时说明此故障为 MVB 存在硬件故障，则需要返回检修库检修。

六、动车组运行中 IDU 死机

故障现象：动车组运行中，IDU 停止响应，无法进行操作。

故障原因：IDU 内的应用程序出现故障，导致 IDU 死机，不会影响动车组的正常行车。

应急处理：重启 IDU 即可。MC 车 IDU 的重启操作方法是打开 K1 柜，按下 IDU 重启动按钮（如图所示），重新启动 IDU 即可恢复正常。

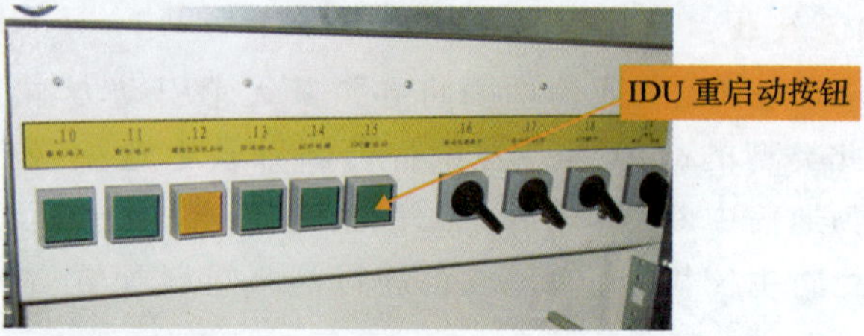

Tb 车 IDU 由于无此按钮，重启需要机械师直接将 IDU 背面的电源插头松出（正对背部的最左侧的连接线，如图红圈所示），再接入完成重启操作。

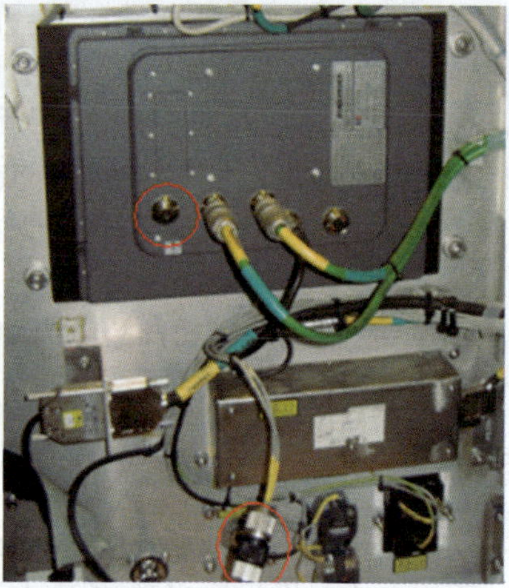

七、IDU 的应用程序退至操作系统界面

故障现象：动车组运行中，界面退回至 WINDOWS CE 操作系统的桌面上。

故障原因：由于操作失误等各种原因导致 IDU 的应用程

序被关闭。

应急处理：重启 IDU 即可。MC 车 IDU 的重启操作方法是打开 K1 柜，按下 IDU 重启动按钮，重启后 IDU 将自动载入应用程序。

八、IDU 全屏显示通信中断

故障现象：运行中，IDU 突然全屏显示网络通信丢失，并且无法进入主菜单，但在其他 IDU 上检查各动力单元工作状态正常。如图所示。

故障原因：IDU 与 TDS CCU 的以太网通信中断或整个动力单元的 MVB 通信中断引致。

应急处理：如果该单元的 MVB 通信仍正常（照明、空调工作正常等），说明仅为 IDU 与 TDS CCU 的以太网通信中断。此时机械师可检查 IDU 与 TDS CCU 的以太网连接电缆线的状态，如有脱落或松动的现象，则将其重新连接并紧固好。此电缆如图所示。

（如通信电缆外观连接正常，参照“六”的处理方法重启IDU。重启IDU后仍不能恢复可维持运行，待回库后处理。）如果该动力单元MVB通信中断，参照前面第“三、四、五”的处理办法。

九、IDU显示司机室侧窗打开

故障现象：司机室的报警蜂鸣器会发出报警声，IDU显示侧窗被打开。

故障原因：侧窗没有关好或限位开作用不良。

应急处理：

1. IDU主菜单页面显示：主菜单页面下方出现红色故障报警内容，触按该故障提示，切换至故障详细信息页面。

2. 出现此故障后司机应查看IDU事件描述一栏，确认侧窗发生故障位置后，然后通知机械师故障侧窗位置。如图所示。

3. 司机按压控制台右侧按钮[Q]，使报警静音。

4. 机械师到激活或非激活司机室，关闭打开的侧窗。若侧窗已关闭良好，则松开报警侧窗上手把，可尝试在锁孔微动开关塞纸片，再压紧侧窗上把手。若故障仍未消除，则为限位开关坏，待车组进库处理。

5. 故障处理完毕后，机械师及时将处理结果通知司机。

十、IDU 主菜单显示“轴温超温”故障

故障现象：司机室操纵台 IDU 主菜单显示“轴温超温”故障。

故障原因：某一个车的轴温过高或为误报警。

应急处理：

1. IDU 详细信息页面中显示“轴温超温”时，司机应立即通知机械师。如图所示。

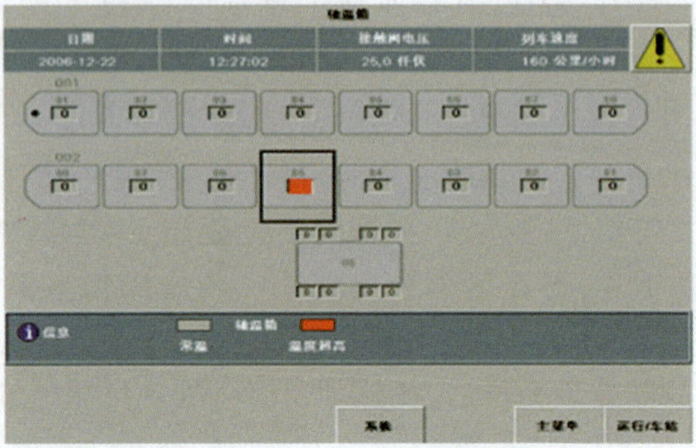

2. 机械师接到司机通知，必须认真确认轴温是否过高。环境温度大于 30℃，轴温大于 90℃时，IDU 报该轴温超高；环境温度小于 -10℃，轴温大于 50℃时，IDU 报该轴温超高；环境温度大于 -10℃小于 30℃，轴温比环境温度高60 K时，IDU 报该轴温超高；轴温大于 50℃，同时比同列车上相同 MVB 的状态良好的轴温平均温度大于25℃时 IDU 报警，报该轴温过高。

3. 确认轴温正常，为轴温误报警时，通知司机维持运行，并向调度汇报。

4. 当轴温达到报警温度时，机械师必须认真观察该轴温是否继续上升，做到监控运行。如果该轴温没有继续上升，应监控运行到前方停车车站，然后利用停车时间，机械师使用红外线点温计测温，确认该轴温是否达到报警温度。如果观察轴温继续上升，应通知司机立即停车检查，机械师用红外线点温计测温，确认轴温是否超高。确认轴温正常时，立即通知司机开车，并继续监控该轴温的变化。然后向调度汇报：停车地点、时间、及检查情况。

十一、IDU主菜单显示“两个受电弓都升起”

故障现象：操纵端IDU高压界面上显示两个受电弓的均在升弓状态。

故障原因：TCMS微机控制软件方面或受电弓供风系统的原因。

应急处理：

1. 此时IDU会显示A级警报，可先确认故障，然后降下受电弓。

2. 机械师使用维修权限的密码登陆IDU后，进行“重大故障重新设置”，此时控制系统将会重新配置。再次执行升弓，如故障仍未能消除，可再次降弓，手动将其中一个受电弓切除后，重新升弓后维持运行，待入库后再做检修。

3. 如该故障在运行中出现，降下受电弓，切除其中一个受电弓维持运行，到站后再按第2点处理。

十二、自动过分相发生故障

故障现象：运行中如果发现“分相区”按钮一直在闪烁时，说明自动过分相发生故障。

故障原因：自动过分相装置发生故障。

应急处理：运行中遇自动过分相发生故障时，司机采用过分相。即动车组运行至分相区断电标前，将主控控制器手柄移至“0”位，及时按压B2面板上的“分相区”按钮，主断路器断开。过分相后，TCMS系统检测到网压后，会自动闭合主断路器。如断路器无法自动闭合，升弓按钮将会闪烁，此时只要按下该按钮，断路器将会手动闭合。

十三、运行中司机室“暂停乘客紧急制动”按钮闪亮

故障现象：司机室紧急通话单元启动，乘客拉动了通过台的紧急制动手柄，司机室“暂停乘客紧急制动”按钮开始闪亮。蜂鸣器报警。

故障原因：乘客拉动了通过台的紧急制动手柄。

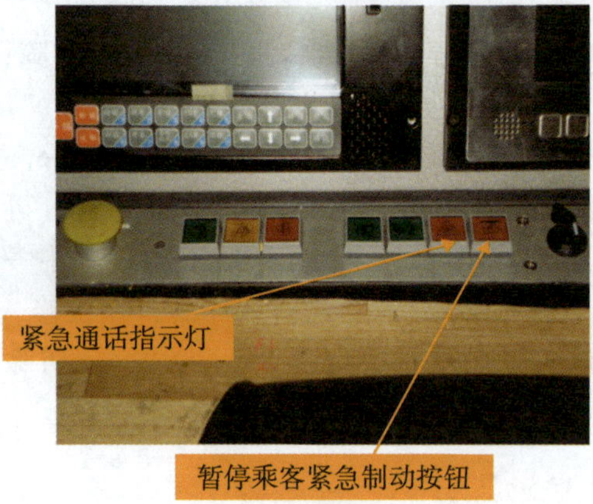

应急处理：司机室紧急通话单元启动，司机可以和乘客或乘务员进行语音通话，当“暂停乘客紧急制动”按钮开始闪亮时，司机在 10 s 钟内按下暂停按钮，至少保持 3 s，紧急制动会被取消。但如果确认有意外情况时，要及时停车。同时，司机要及时通知机械师。

十四、运行中发生脚踏板 DSD 故障

故障现象：运行中无论脚踏板在任何位置均间隔 10 s 报警。

故障原因：脚踏板 DSD 发生机械故障或软件控制系统方面的原因。

应急处理：司机及时通知机械师，检查脚踏板插头是否松动，如正常，则打开 K1 柜，将司机安全装置切除开关打至切除位，但此没有司机警醒装置，司机要集中注意力，确保行车安全。

十五、动车组因牵引安全回路导致紧急停车

故障现象：司机操纵台上的牵引安全回路灯亮，动车组无法牵引。

故障原因：牵引安全回路失电，导致紧急制动被激活而停车。

应急处理：

1. 立即查看 IDU 的"牵引互锁"菜单，查看导致牵引安全回路失电的具体原因（如图所示红色条），并根据故障情况进行相应处理。

2. 如是制动或边门系统故障及时通知机械师进行切除或隔离操作以确保动车组能维持运行。

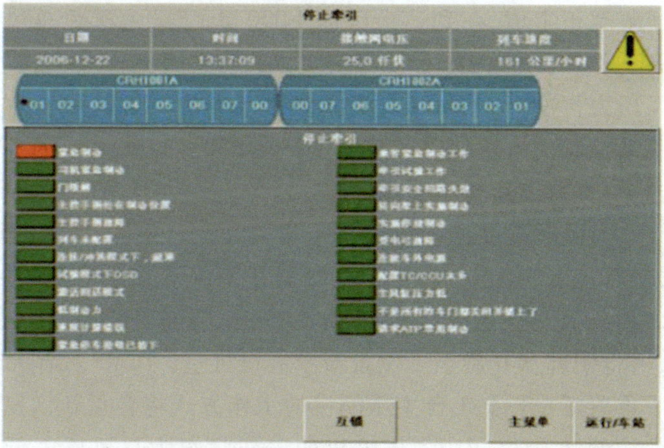

3. 如果采取上述措施仍不能消除故障，报告调度，请求救援。

十六、主压缩机软件控制故障

故障现象：运行中，三台主压缩机在总风压力低至 700 kPa 时，仍然只有一台压缩机在工作，另外两台主压缩机在 IDU 上显示状态正常但无法自动启动向总风供风。

故障原因：TCMS 系统控制软件方面的原因。

应急处理：

1. 如在行车中出现此故障，为避免动车组由于单台压缩机供风不足，导致总风压力低于 600 kPa 触发保护性的紧急制动而停车，可在 IDU 的主菜单界面上点击[系统]进入系统界面，然后在系统界面上点击[供风]进入供风界面，点选未启动的压缩机图标，然后点击下方出现的[手动 开/关]进行手动启动。

2. 使用同样方法启动另外一台主压缩机从而使总风压力回复至正常值，在到达上限值 1 000 kPa 时，为避免总风安全阀动作，再次点击[手动 开/关]手动关闭主压缩机，直至总风压力再次降到 700 kPa 时重复手动开启。运行中使用这种手动控制的方法使总风压力维持在 850 ~ 1 000 kPa 的标准值内，一直持续运行至到站停车。

3. 到站后，机械师可将受电弓降下，把机车钥匙打至 0 位，然后把 K1 柜内的蓄电池接触器开关按下并保持 3 s 直到 IDU 上显示关机指令已收到后才松开。等车厢照明灯全灭后，再将钥匙从 0 旋至 1 位重新激活司机室，TCMS 控制系统完成重置后，升弓，3 台主压缩机的工作方式将会重新恢复至自动控制状态。（附：主压缩机的工作状态为总风压力低至

850 kPa 时随机启用 1 台，低至 800 kPa 时启用 2 台，低至 700 kPa时启动 3 台。）

十七、动车组在运行中自动降弓

故障现象：动车组在运行中，受电弓突然自动降下。

故障原因：动车组自动降弓保护装置 ADD 动作或网侧高压端存在过流现象时将会自动降下受电弓。

应急处理：

1. 司机应立即通知机械师检查处理。

2. 从 IDU 上检查引起降弓的主要原因，如果仅显示“无空气输送至受电弓”的故障信息时，表示该受电弓因自动降弓保护装置 ADD 动作或升弓回路出现漏风而无法正常升弓。此时可在 IDU 的高压界面下点选该受电弓，手动将其切除。然后升起另一端的受电弓维持运行。

3. 如果 IDU 显示网侧过流的信息，首先在排除产生过流的原因后再次升弓（如此时受电弓已处于红边框的隔离状态，机械师可采用主控复位的方法以解除受电弓的隔离状态），如过流的故障暂时无法排除，则对存在过流的网侧高压设备采取如下应急措施：

（1）如只是 Tp1 的上网侧高压设备出现过流情况，可在 IDU 上断开 Tp1 车线路断路器并将其隔离，使该动力单元的高压供电停止，将 Tp1 的受电弓隔离，使用 Tp2 上的受电弓受流，用另两个动力单元维持运行。

（2）如只是 Tp2 的上网侧高压设备出现过流情况，可在 IDU 上断开线路断路器 2 并将其隔离，使该动力单元的高压供电停止，将 Tp2 上的受电弓隔离，重新升起 Tp1 的受电弓受流，用另两个动力单元维持运行。

(3)如只是Tb车上的网侧高压设备出现过流情况,可在IDU上将两个线路断路器都断开并隔离。此时因高压母线被断开,仅能使用Tp1或者Tp2的单个动力单元限速运行。

十八、运行中网侧断路器显示红边框

故障现象:动车组在运行当中,出现网侧断路器无法进行闭合,IDU上的高压界面显示网侧断路器的状态为红边框,并报“LCBT红色警告,内部故障”。

故障原因:网侧断路器接收到闭合指令但无法将电容电压充至正常工作电压。

应急处理:

1. 首先要查看IDU“状态记录栏”内的事件信息。如果IDU的状态记录显示“LCBT/LCBB未准备好使用”或“LCBT/LCBB不按命令闭合”等信息,则为网侧断路器的内部故障。可在IDU高压界面下点选此断路器,点击[切入/切进]键,手动将网侧断路器从软件上隔离,几秒钟后再次点击[切入/切进]键,网侧断路器将会恢复正常,如仍无法闭合按第3点处理。

2. 如果IDU的状态记录显示“LCBT不按指令打开”故障信息,则为网侧断路器的逻辑状态错误。此时会出现多个网侧断路器将被系统自动隔离(如Tp车的LCBT不按指令打开会隔离该车的LCBB及LCBT,如Tb车的LCBT不按指令打开会隔离该车LCBT及Tp1及Tp2的两个线路断路器LCBB),需在IDU上进行主控复位,使故障断路器闭合。若主控复位故障仍无法消除,则需断开蓄电池接触器进行蓄电池大复位,重置TCMS控制系统,使故障断路器闭合。

3. 若以上操作后断路器仍无法闭合时，如果是单个主断路器不能闭合，则应在 IDU 上手动隔离此网侧断路器，待动车组回库后处理。如果是线路断路器 LCBB 不能闭合时，可将故障线路断路器 LCBB 所在车上的受电弓隔离，然后升起另一端受电弓，若能确保两个动力单元正常供电，可维持车组正常运行，待车组入库后处理。

十九、运行中网侧断路器合不上（IDU 显示绿边框）

故障现象：运行中或过分相区后，有一个或多个网侧断路器不能自动闭合。但 IDU 高压界面内网侧断路器没有显示红边框，即网侧断路器没有被隔离。

故障原因：网侧断路器未接收到闭合指令。

应急处理：

1. 首先检查网压是否正常，当网压超过 30.1 kV 时，为网压超高，TCMS 系统起保护作用，引起跳断路器。如网压正常时，则按下“升弓”按钮，一般都能自动闭合。

2. 如果仍有个别不能闭合时，可在 IDU 高压界面下点选此断路器，点击[切入/切进]键，手动将网侧断路器从软件上隔离，几秒钟后再次点击[切入/切进]键。

3. 若故障仍不能消除时，车组可继续维持运行到前方停车站，到站后，机械师利用停车时间在 IDU 上对系统进行主控复位，然后再按“升弓”按钮使其闭合。

案　例：CRH1－009A 动车组担当 D784 次，13:26 运行至东莞—石龙区间，过茶山分相后 Tp1、Tb 车主断路器合不上，IDU 报 LCBT 故障，自动限速 100 km/h。D784 次 14:01 到广州东站，晚点 18 min。

故障原因：网侧断路器内部电路出现故障使其工作状态不稳定，在其接收到闭合指令后却无法将电容电压充至79V以上的正常工作电压，最终导致主断路器无法闭合。

处理方法：入库后更换状态不稳定的网侧断路器后，故障消除。

二十、IDU显示烟火报警器报警

故障现象：烟火报警器发生报警现象。Tb车上的烟火报警显示器会显示发生警报的具体车厢或厕所，同时蜂鸣器鸣叫，火警指示灯闪烁。

故障原因：车厢、厕所内有人吸烟或有烟火情况的发生。

应急处理：对显示器所报的警报位置的烟火情况进行处理完毕后，需要对烟火报警器的报警记录进行重置，操作如下：

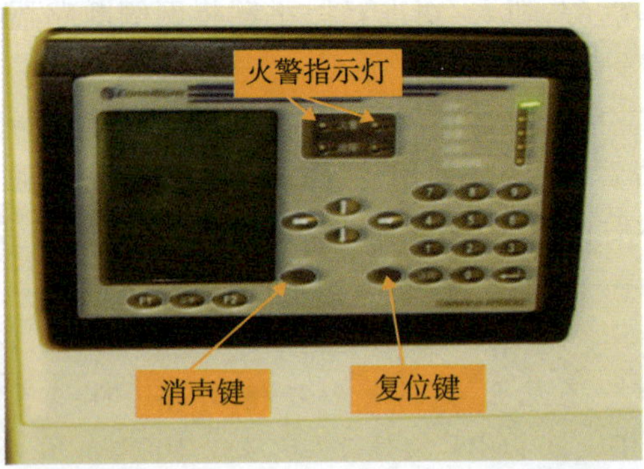

1. 点击［消声］键取消鸣叫声，再按［返回］键回到主

界面；

2. 点 F1 键进行登陆，在登陆界面输入密码进行登陆；登陆完成后点击[复位]键对记录进行重置，此时火警指示灯将会灭掉。

二十一、动车组烟火报警器无法复位

故障现象：由于车上旅客吸烟造成烟火报警，经检查确认无影响时，须在位于乘务员室的烟火报警器上复位，但无法登录烟火报警器主机，导致烟火报警器无法复位，从而使该故障信息一直在 IDU 上显示，无法消除。

故障原因：可能由于烟火报警器中央处理器死机或烟火报警指示面板失效。

应急处理：机械师对火灾指示器进行断电复位处理，将 Tb，P1，K2 柜门打开，找到烟火报警电源断路器，将其断开后再恢复，一般故障可消除，再登录烟火报警器，进行重置。

二十二、动车组洗手间感应水龙头无水

故障现象：厕所系统的感应水龙头不出水。

故障原因：在供水面板中供水、感应开关及电磁阀正常的情况下，主要为厕所系统控制软件发生错乱等情况导致。

应急处理（机械师按下列步骤处理）：

1. 使用 R. S 控制盒进行复位操作：按下 R. S 控制盒的 R 键并保持 3 s，系统将进行复位操作。

2. 断开厕所的供电进行复位操作：在控制软件已完全无响应，无法接收指令的情况下须将厕所电气控制柜的厕所控制系统供电插头 X3 插头取出，然后再重新接上，强行使控制系统重新启动完成复位操作。

二十三、动车组旅客信息显示系统 PIS 的车号显示故障

故障现象：旅客信息显示系统 PIS 的车号信息显示错乱。

故障原因：旅客信息显示系统 PIS 的显示单元发生软件错误等情况导致。

应急处理：机械师打开此车的电气柜，关闭柜内旅客信息显示系统 PIS 显示单元的供电开关后，再重新打开，此显示单元将会执行复位操作，重新配置后，PIS 显示单元将会恢复回只显示正确的车号。

二十四、关闭车门时，发现个别车门不能正常关闭

故障现象：打开车门菜单或“运行/车站”菜单，车门会显示在释放状态或故障状态。牵引回路灯亮，无牵引力。

故障原因：外门出现故障或门控制器 EDCU 与 TCMS 之间通信故障。

应急处理：司机应重新操作一次开门、关门按钮。若车门仍然不能关闭，司机立即通知机械师到故障车门位置。机械师手动关闭故障车门，锁闭隔离锁，将故障车门隔离。司机从 IDU 中确认故障车门已隔离后开车运行。

二十五、在 IDU 上查看动车组外门状态正常，但互锁菜单中仍然显示门未完全锁闭不能正常牵引

故障现象：在 IDU 上查看外门状态正常，但互锁菜单中仍然显示门未完全锁闭导致牵引安全回路断开，无法牵引。

故障原因：在确认所有的门已关闭并已锁闭好的情况下，为脚踏的脚踏已收回行程开关未到位或门关到位开关、

门锁到位开关未到位，从而使牵引安全回路断开并在IDU的互锁菜单上显示门未关闭好。

应急处理：机械师首先将边门逐个的进行隔离操作，从而旁路该门的安全回路，并在操作过程中保持与司机联系。当隔离至IDU显示安全互锁解除，牵引禁止灯灭时，则故障由该门引起，此时可隔离该门后维持运行。

案　例1：CRH1－001动车组担当D825次，在石龙站Tp2右侧门故障，不能自动关闭，造成晚点2 min。

故障原因：外门下脚踏行程开关未到位，造成该外门不能自动关闭。

处理方法：机械师手动关闭该外门，锁上隔离锁，将该门隔离。

案　例2：CRH1－009动车组担当D809次，Tp2车上行左侧边门活关节卡死，撬动强行关门，晚点2分开车。D810次到站后处理正常。

故障原因：外门开门电机驱动连杆卡死，造成边门不能自动关闭。

处理方法：机械师撬动强行关门，锁上隔离锁，将该门隔离。

案　例3：CRH1－001A动车组担当D748次，司机在IDU上查看动车组外门已关闭，但互锁菜单中仍然显示门未完全锁闭，不能正常牵引。通知机械师处理，造成当日D748次深圳晚点4 min，于7:44开车。

故障原因：Tp2 车上行右侧边门脚踏行程开关未到位，导致牵引安全回路断开，在 IDU 的互锁菜单上显示门未关闭好。

处理方法：机械师首先将边门逐个的进行隔离操作，从而旁路该门的安全回路，当隔离至 Tp2 车上行右侧边门时，IDU 显示安全互锁解除，牵引禁止灯灭时，机械师锁上隔离锁，将该门隔离，停用。

二十六、动车组外门故障

故障现象一：在 IDU 上查看外门状态时显示故障。

故障原因：在外门的驱动、电机机械机构均正常的情况下，主要为外门控制器 EDCU 与 TCMS 之间通信故障导致。

应急处理：对外门控制器 EDCU 进行复位操作：机械师将 EDCU 控制盒的供电插头取出，然后再重新接上，EDCU 重新启动完成复位操作。

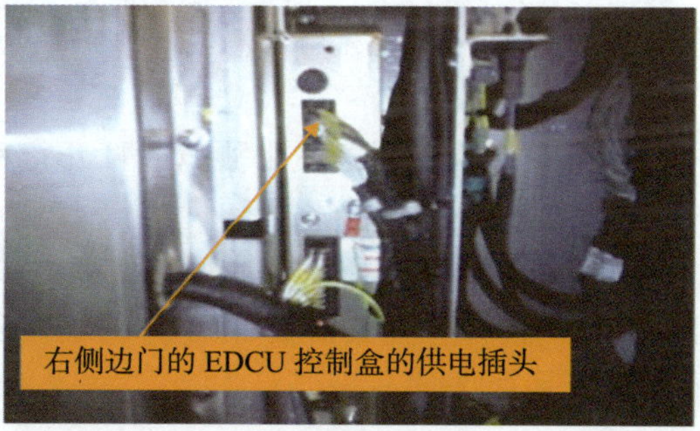

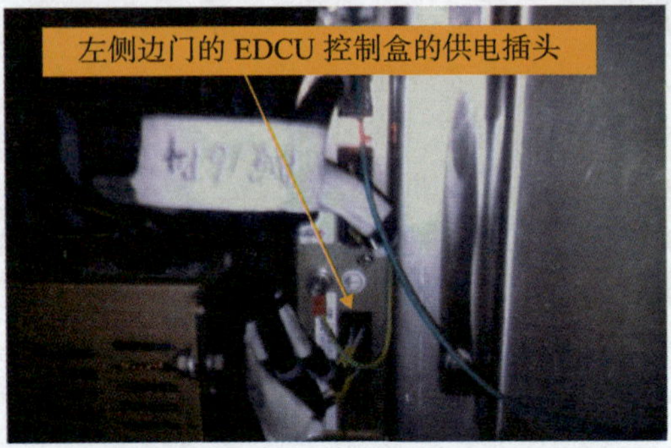

注：因每节车厢的左、右侧边门的门控单元的安装位置是不一致的，如上图所示，左侧边门的供电插头在门控单元下方，右侧边门的供电插座在门控单元上方。

故障现象二：外门关闭时，发现横向移动到位，但关闭时，无法关闭到位。

故障原因：外门整体下垂，外门吊装螺栓掉。

应急处理：应急处理时，机械师可用撬棍将门整体撬高，关门后隔离，并该门停止使用。

二十七、边门的上或下脚踏无法正常收回

故障现象：边门在关闭后，上或下脚踏无法正常收回。

故障原因：脚踏板驱动装置发生故障或打开行程开关未到位。

应急处理：机械师采用以下手动收回的处理方法：

1. 打开故障车门操作开关面板，按下车门隔离限位开关（LOS），检查脚踏是否收回。

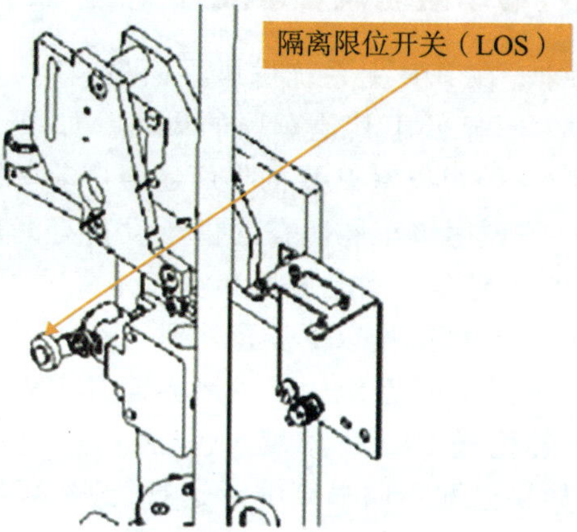

2. 如果脚踏仍然未收回，关闭上（下）脚踏气路截止阀，下车手动将上（下）脚踏关闭。

3. 上车后将车门关闭，锁上隔离锁，将该门切除，并通知司机。

二十八、动车组总风管系漏风

故障现象：在IDU上系统供风界面检查时，发现某个车厢的总风压力明显低于其他车厢的风压。如果总风压力低于700 kPa时主控司机室IDU的界面还会自动报警。

故障原因：说明该车厢所在的供风设备有漏风现象。最有可能发生漏风处是设备是厕所和空气弹簧。

应急处理（机械师按以下步骤处理）：

1. 首先通过IDU系统中的供风界面进去先把三个压缩机启动打风。检查IDU故障显示，是否有空气弹簧严重泄漏的报警，如果泄漏不明显则继续运行，到站后检查空气弹簧。如果风压下降很快，3个压缩机启动后也无法使风压回升，则需停车，找到漏风的空气弹簧，并截断它的风源，再继续运行。

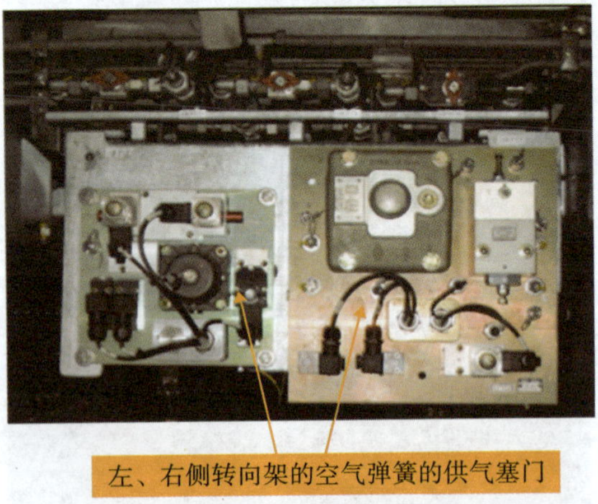

左、右侧转向架的空气弹簧的供气塞门

2. 检查该车厢的厕所，如果有漏风的声，则表示该厕所在漏风，此时尝试对该厕所进行断电复位操作（拔下/插上X3

插头)。如果继续有漏风声,则说明是电磁阀故障或风管破裂,直接关断供风塞门,停用厕所。

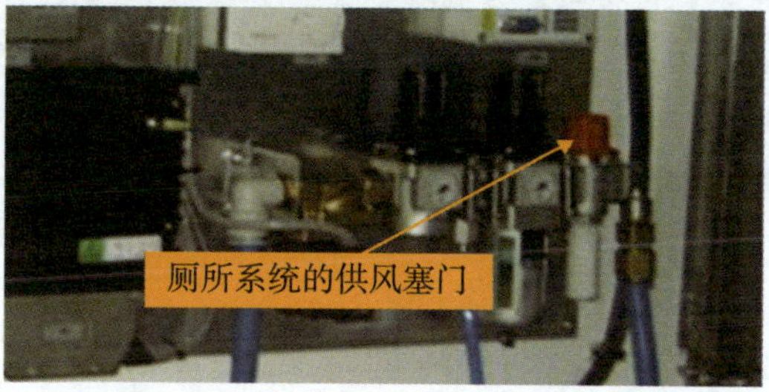

3. 如果上述故障都未发现的话,那么需要检查边门脚踏及空气密封胶囊是否漏风,如果有脚踏漏风的话,将脚踏供风塞门关闭(上下)。

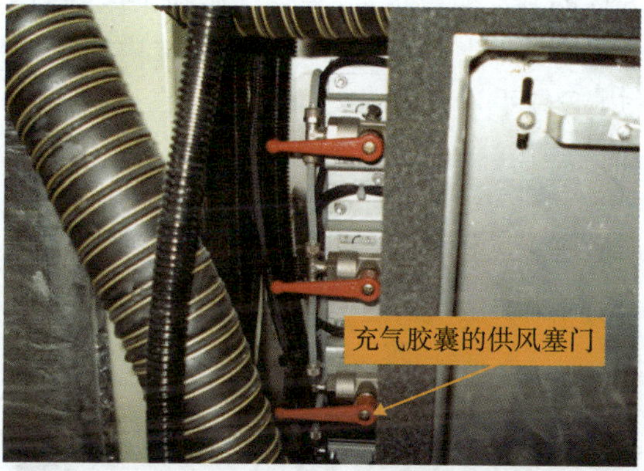

二十九、动车组在运行中或停车状态下自动施加制动

故障现象: IDU 的制动界面内显示某辆车制动系统故障

(显示红色边框的状态),并报“常用制动故障”或“停放制动故障”故障信息。

故障原因:该车的制动计算机BCU通信异常或发生故障。当某个车厢的制动计算机BCU发生故障时,将无法正常接收和执行系统的制动或缓解指令。

应急处理:

1. 当动车组运行中出现此故障时,因软件默认该车的制动将保持缓解状态,可以维持运行。

2. 到站后,打开该车U8区制动柜的裙板,断开BCU供电电源进行复位,如果恢复正常则继续运行;如恢复不了则将该车辆的空气制动切除,按列车状态限速运行。制动机的切除机械师按以下方法进行:

(1)动力车(Mc1、Mc2、M1、M2、M3车)的切除方法:打开此车辆U8区的制动面板裙板,将空气制动供风塞门和停放制动供风塞门关闭,排出制动缸和停放制动缸内的压缩空气,然后使用专用工具手动缓解停放制动缸(在动力车5、6、7轴位)。

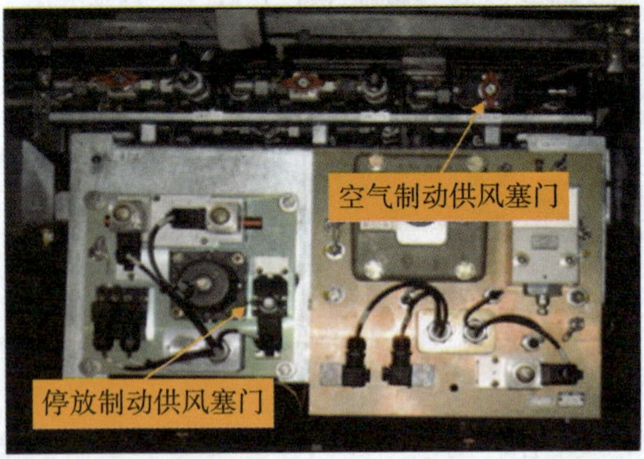

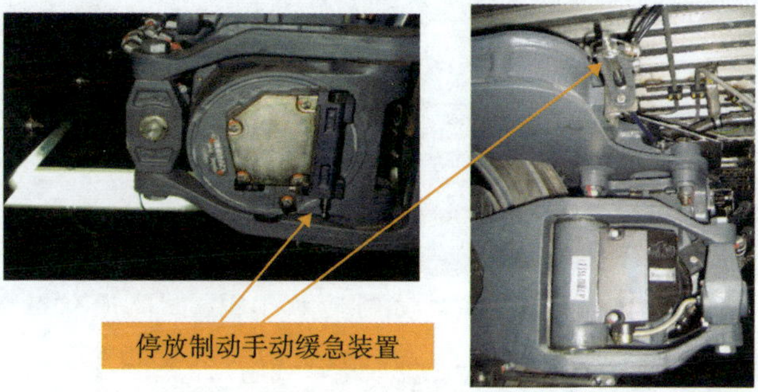

(2)打开此动车的电气柜(M3 车在 K1 柜、M2/M1 车在 K2 柜、Mc1/Mc2 车在 K4 柜),将 91 停放制动的超越开关从 OFF 位打至 ON 位旁路制动安全回路(此时反馈信号被旁路),维持运行。

(3)拖车(Tp1、Tp2、Tb 车)的隔离方法:打开此车辆 U8 区的制动面板裙板,将空气制动供风塞门关闭,排出制动缸内的压缩空气即可。

案例1:CRH1－002动车组在深圳站司机进行制动试验时,发现M2车制动故障(M2车制动框显示红色),机械师赶到司机室后对IDU查看发现报M2车3轴压力未降低,轴3制动缸压力偏差,在IDU上进行主控复位,故障依然存在,司机室K1柜的蓄电池开关进行复位,故障无法消除。

故障原因:M2车的制动制动机BCU出现通信故障,导致无法正常接收和执行系统的制动或缓解指令。

处理方法:切除该车的制动系统,然后打开K2柜把制运旁路开关打到“ON”位维持运行。进库后更换制动制动机BCU的通信板。

案例2:CRH1－002动车组,广州东站开车(22:08),出现IDU报TP2车4轴制动压力偏差故障,无法动车。22:16Tp2车制动系统复位后恢复正常,22:17开车。

故障原因:该车的制动计算机BCU通信异常或发生故障,导致激活了本车的制动后不能缓解,TCMS系统触发保护动作,无法进行牵引。

处理方法:机械师到站后,打开该车U8区制动柜的裙板,按BCU复位按钮(S3)进行复位,复位后制动系统恢复正常。

案例3:CRH1－012A动车组担当D729次,在广州站站停时,车组IDU报TB车常用制动故障,制动试验无法通过,切除TB车制动,12:05处理好,12:10开车。晚点12 min到达深圳站。

故障原因：Tb 车第 2 轴的制动缸压力传感器反馈的压力值较其他轴高 0.28 bar(2.8×10^4 Pa)，当列车实际上缓解的时候，TCMS 还会检测到 Tb 车第 2 轴有一定的压力反馈，导致制动测试失败。

处理方法：更换第 2 轴的压力传感器后，故障消除，并进行多次制动试验显示正常。

三十、动车组救援时，由于风压过低，造成导流罩无法打开

故障现象：司机按压操纵台 B2 面板上的“前部车钩伸出/盖板抬起”按钮，车钩不能伸出，该按钮灯在不断闪烁，动车组风压低于 600 kPa 以下。

故障原因：由于风压过低，无法驱动车钩的机械装置。

应急处理：机械师从 Mc 车 ATP 柜内取出打气筒及梯子，打开车头检查门，将打气筒接入外接风源口。如图所示。

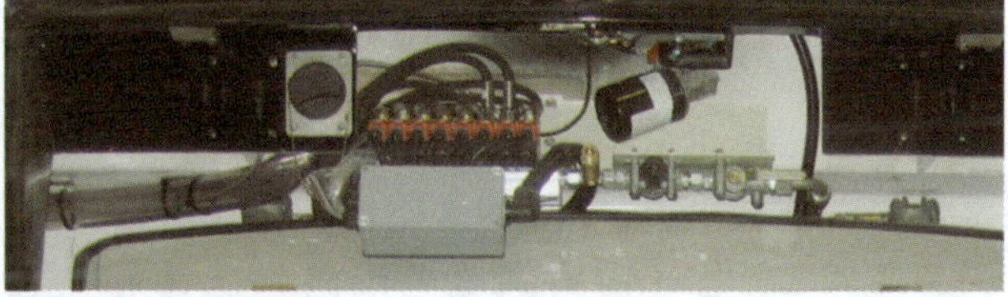

对检查门内的电磁阀进行手动的开闭。在对电磁阀进行手动关闭时，需要配合手动风泵同步动作(如图所示)。

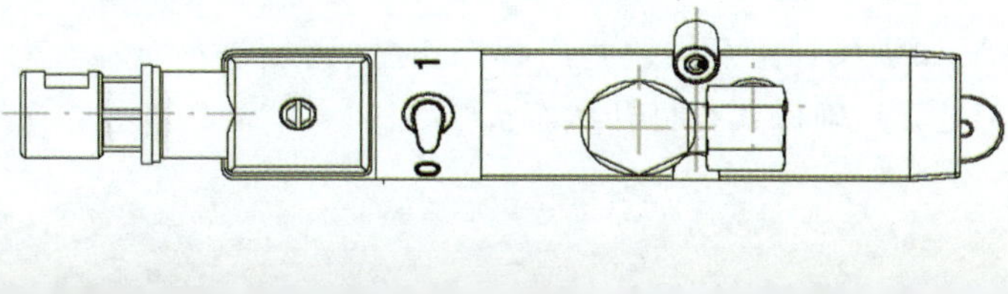

阀 门 概 况 图

V1	收缩车钩	V5	解锁下罩	V7A	关闭上罩
V2	伸出车钩	V6A	关闭下罩	V7B	打开上罩
V3	解锁伸缩装置	V6B	打开下罩	V8	解锁上罩
V4	解钩				

整个开闭机构的动作顺序如下所示：

下盖板解锁→打开下盖板→下盖板锁定→上盖板解锁→打开上盖板→上盖板锁定→自动车钩钩体解锁→自动车钩伸出 - 自动车钩钩体锁定。

对应的电磁阀动作如下所示：

V5 置“1”位→V6B 置“1”位→V6B 置“0”位→V5 置“0”位。

V8 置“1”位→V7B 置“1”位→V7B 置“0”位→V8 置“0”位。

V3 置“1”位→V2 置“1”位→V2 置“0”位→V3 置“0”位。

三十一、两动车组重联时电气钩头无法伸出

故障现象：两动车组进行重联操作时，两车的自动车钩已正常伸出并连接上，但电气钩头不能伸出完成连接。

故障原因：在电气钩头供风电磁阀状态良好并且车钩已处于联挂位的情况下，则为电气钩头驱动风缸的供风故障。

应急处理：

如供风管路及供风塞门状态正常，则须进一步检查总风 Y31 塞门，确保其在打开状态。

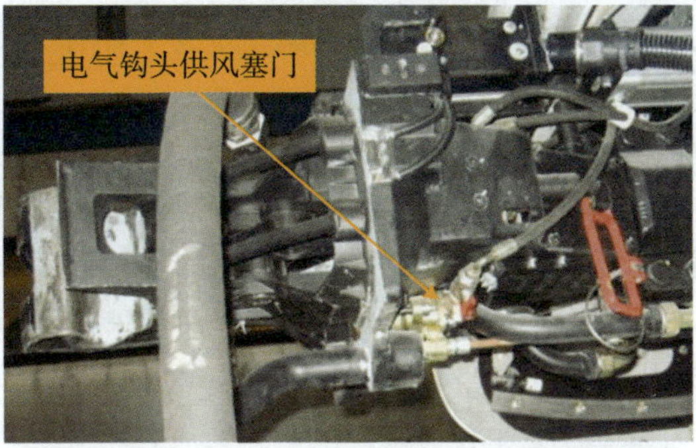

三十二、残疾人厕所内旅客紧急求救系统故障

故障现象：残疾人厕所内的旅客紧急求救按钮被按下后，对相应的紧急情况进行处理完后，再次按下按钮进行重置操作时，警报无法进行解除，厕所内报警声持续长鸣。

故障原因：旅客紧急求救系统的软件发生错误，再次按下触发的重置指令无法生效。

应急处理(机械师按以下步骤进行处理)：

1. 按下R.S控制盒的R键并保持3 s以上,然后松开后对此厕所的控制系统进行软件复位操作,从而使旅客旅客紧急求救系统重置完成解除工作;

2. 如果此时仍未能消除警报,则表明厕所控制系统已完全停止响应(死机状态),已无法接收并执行R.S控制盒发出的复位指令,这时可以将厕所控制系统的X3供电插头拔出,再重新插入使厕所的控制系统重新得电复位,相应的旅客紧急求救系统将会重置回复到正常状态,警报随之消除。

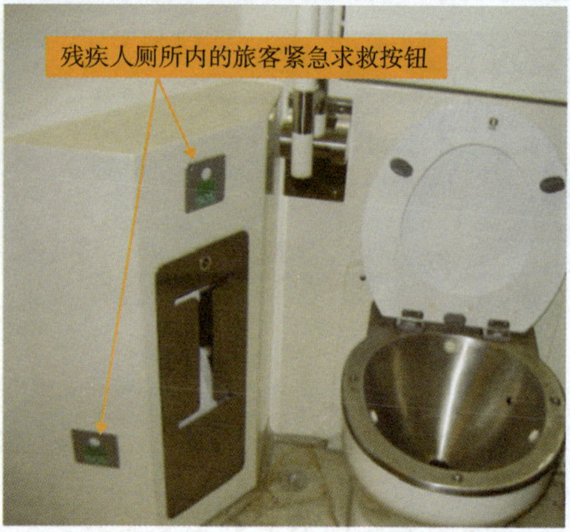

第二章　CRH2 型动车组故障处理

第一节　故障处理的基本操作方法

一、闭合 BKK

在 MON 显示要求进行 BKK 闭合的操作时，司机首先通知随车机械师，将故障单元的“辅助电源装置控制”NFB 断开，在得到随车机械师已将该 NFB 断开的通知后，在 MON 上确认故障单元的 APU 已断电，在【供电分类】页面上将【BKK 投入】按下，再按【设定】，即可实现扩展供电。

二、RS 键复位方法

原　　则：应在 VCB 断开时使用。

使用方法：在使用 RS 键进行复位时应将 MON 页面切换至【牵引变流器车】页面，再按压 RS 键 2 ~ 3 s，并确认在按压同时【牵引变流器车】页面上的【复位】方框显示绿色。

注　　意：一次故障 RS 键按压不可进行多次，一般掌握在 2 ~ 3 次。

三、EGS 闭合与断开

EGS 的闭合：通知随车机械师确认运行配电盘内的“保护接地合”NFB 闭合，将司机室 NFB 上盘的“保护接地”NFB 合上，按压操纵台上的“保护接地合”按钮按下，即可实现

EGS的闭合(操作时应注意辅助风缸的风压在规定值)。

EGS的断开:通知随车机械师确认运行配电盘内的“保护接地断”NFB闭合,将司机室NFB上盘的“保护接地”NFB合上,将操纵台上的“保护接地合”按钮拔出,右旋司机室“保护接地切除”旋钮即可实现EGS的断开(操作时应注意辅助风缸的风压在规定值)。

四、ATP重新启动方法

1. 将“ATP控制”、“ATP主机”NFB断开后等待30s以上后重新合上。

2. 将制动手柄移置拔取位,等待30s以上后重新投入制动手柄。

3. 断VCB后将制动手柄移置拔取位,等待30s以上后重新投入制动手柄。待ATP启动完成后,再合VCB操作。

五、闭合ACK2

在MON显示要求进行ACK2闭合的操作时,应在MON页面切换至【远程控制切除】页面,在该页面上将故障单元的VCB断开,在【供电分类】页面确认故障单元的ACK1断开,方可在【远程控制切除】页面上将【电源切换】(ACK2)按下后,再按【设定】即可实现ACK2的扩展供电,空调功率自动减半。

六、单列动车组需机车救援

1. 断开NFB盘上段的“联解限位”NFB。

2. 合上“闭锁解除”开关、“罩开”开关。

3. 开罩后,将“联解限位”NFB、“闭锁解除”开关、“罩开"开关恢复常位。

4. 开罩后装上过渡车钩和BP管,确认车钩和BP管连接状态良好。

5. 打开救援旁通阀。

6. 合上救援端"救援转换装置"NFB。

7. 打开机车和动车组制动软管的折角塞门。

8. 待动车组MR管达到定压后,关闭救援旁通阀,打开救援阀。

9. 制动手柄置快速位,按压紧急复位按钮,解除动车组紧急制动后,将制动手柄置运行位。

10. 按规定进行制动机机能试验,确认BC管制动和缓解正常。

七、重联回送的方法

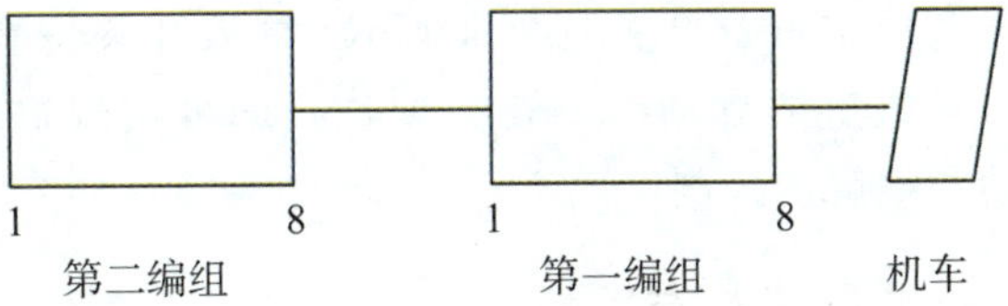

操作方法:将第一编组的主控钥匙放在8号车上,制动手柄置于快速位,第二编组的制动手柄置于拔取位,两编组的连接切换器均在分割位,空气管开关均置关闭位,总风开关在关闭位。将机车与第一编组连接,接上BP管,打开救援阀,救援转换开关合位,待MR风压达到定压(此项可在【车辆信息】页面上确认MR压力是否正常,600kPa),复位紧急制动,将制动手柄置于运转位,试验制动机,制动、缓解均良好后由机车顶送第一编组与第二编组联挂,待连接后,将第

一编组与第二编组相连的两个司机室中的连接切换器置合位(需用扳手扳动此开关),并将两动车相连的司机室的空气管开关均置重联位,总风开关均置合位。此时,在两动车编组所有的MON上显示16编组,紧急制动动作,待MR风压打到定压,复位第一编组的8号车的紧急复位按钮(第一编组8号车制动手柄在快速位),两动车紧急制动均复位成功。将第一编组8号车的制动手柄置运转位,动车组缓解良好,由机车进行制动机的试验。

特别注意的是每次机车进行制动机试验前,必须确认两动车的MR压力不低于定压后方能进行,防止因充风不足造成MR压力低,引起动车的紧急制动。

综合上述,两动车的无火回送方法就是将与机车相连的动车司机室的救援转换开关置合位,ATP,LKJ隔离,制动手柄在运行位。两动车相连的两司机室的连接分割器置合位,相连司机室的空气管开关均置重联位,总风开关均置合位。其余三个司机室的制动手柄在拔取位。即可实现机车对两动车制动和缓解的控制。

八、动车组联挂与解编

CRH2型动车组可与同型动车组重联运行,两列CRH2动车组的联挂与解编可以在司机室操作自动进行,紧急情况下也可以手动操作。联挂与解编作业要求司机与随车机械师共同进行,司机负责操纵动车组,随车机械师负责检查连接装置和显示信号。

CRH2型动车组重联必须顺位连接,即1号车与8号车之间联挂,不允许1号车与1号车或8号车与8号车之间联挂。两列动车组重联运行时,运行前进方向第一列动车组负责操纵，第二列动车组不必安排司机。

重联运行时第二列动车组制动手柄“拔取”位，牵引手柄“切”位，主控钥匙拔出，司机室门锁闭。

（一）自动联挂操作

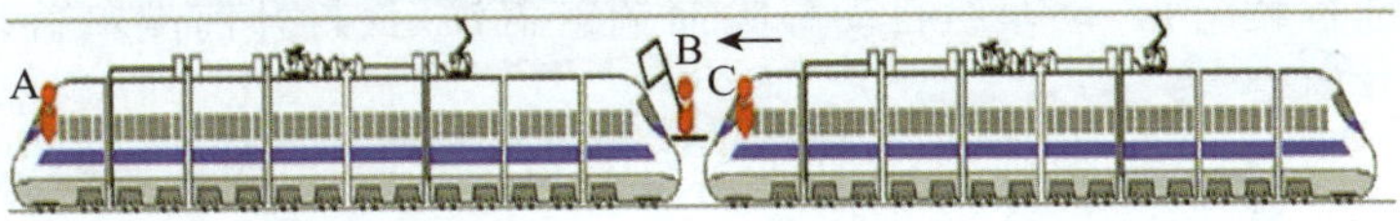

图 1

A：第 1 编组司机————————负责联挂后的驾驶（联挂时无特别操作）。

B：第 1 编组随车机械师——————进行联挂时的辅助操作。

C：第 2 编组司机————————负责联挂时的驾驶。

以下描述均以此图为说明。

1. 准备工作

动车组第 1 编组进入联挂线路停车，将制动手柄置“B7”位，随车机械师换端操作。

动车组第 2 编组进入联挂线路，距离第 1 编组 10m 左右停车。

2. 联挂作业程序

（1）B 进入第 1 编组 8 号车司机室，按下“联挂准备”开关，联挂动作开始。MON 显示器自动进入“联解编组信息”页面。MON 显示器依次显示【联挂准备】-【打开头罩锁】-【打开头罩】-【锁住头罩】-【联挂准备完成】。解除前端罩盖锁定、打开前端罩盖，并锁定。

（2）B 下车确认第 1 编组罩盖打开状态，检查密接式车钩、电气连接器状态良好。A 操作第 1 编组 1 号车的 MON 显示器,查看联挂信息。

(3)C 按下第 2 编组 1 号车“联挂准备”开关,MON 显示器自动进入【联解编组信息】页面。MON 上依次显示【联挂准备】-【打开头罩锁】-【打开头罩】-【锁住头罩】-【联挂准备就绪】。动车组自动解除前端罩盖锁定、打开前端罩盖,并锁定。

(4)C 操作另一 MON 显示器向上翻页,显示联挂车辆的距离。

(5)B 确认两列动车组联挂准备完成,具备联挂条件后,向第 2 列编组显示联挂信号。

(6)C 确认“联挂准备就绪”键变为黄色,并注意 MON 显示器显示的距离,操纵动车组以不超过 5km/h 的速度连接密接式车钩。

(7)A、C 通过 MON 显示器确认,密接连杆退回、总风管气压开关、联挂完成依次变为绿色。此时,重联动车组自动起紧急制动,MON 显示 16 辆编组。

(8)C 将制动手柄置“拔取”位,拔出主控钥匙。

(9)B 确认联挂状态正常后,返回第 1 列编组。

(10)A 查看 MON 显示器上车辆信息、行驶状态页面,确认整个 16 辆编组传送正常。联挂完成。

注　意:

(1)联挂完成后,A 需确认两列动车组受电弓升起的车号,正常情况下应为 4 和 12,或者为 6 和 14。

(2)如果是 6 和 12 号车升弓,MON 显示器会提示故障信息。应断开 VCB,降下受电弓,然后重新选择正确组合升弓。

(3)联挂完成后,A 应进行制动试验。

（二）自动解编操作

图 2

A：第1编组司机————————负责解编后的驾驶（解编时无特别操作）。

B：第2编组随车机械师————进行解编时的辅助操作。

C：第2编组司机————————负责解编时的驾驶。

以下描述均以此图为说明。

1. 准备工作

两列动车组重联状态进入解编线路后停车，动车组均处在制动状态。第2编组随车机师进入第二编组1号车。

2. 解编作业程序

（1）C操作动车组停车后，必须先将制动手柄置于运行位一次后，再置于快速位置，并将换向手柄置于前进位置。

（2）A进入与第2编组相连接侧的第1编组司机室（8号车）。

（3）第2编组随车机械师B通过车内联络通知司机C准备进行解编操作，并右旋“解编”开关。解编作业自动进行，两编组紧急制动动作。

（4）司机C接到随车机械师B的通知，确认紧急制动灯点亮后，按下紧急复位按钮，将制动手柄置于运行位，提牵引手柄，尽快离开第1编组。

（5）第2编组后方的车头罩在车速达到5 km/h时自动关闭。第1编组前部的车头罩在两编组的车钩脱离10 s后自动关闭。

第二节　故障处理

一、ATP 不能正常启动

故障现象：制动手柄从拔取位到快速位时，ATP 不能正常启动。

故障原因：

1. ATP 自检未通过。

2. ATP 在启动时受 VCB 吸合时产生的大电流干扰。

故障处理：

1. 将 NFB 盘上“ATP 控制”NFB 断开 30s 以上后再闭合上。

2. 制动手柄至拔取位使 ATP 失电 30s 以上，再将制动手柄放快速位，如果仍无法正常启动，可重复操作。

3. 断开 VCB，制动手柄至拔取位使 ATP 失电 30s 以上，再将制动手柄放快速位，待 ATP 启动后再闭合 VCB。（注意：要密切注意动车组车厢集控门的开闭状况，若集控门在开启状态应及时通知随车机械师关门）。

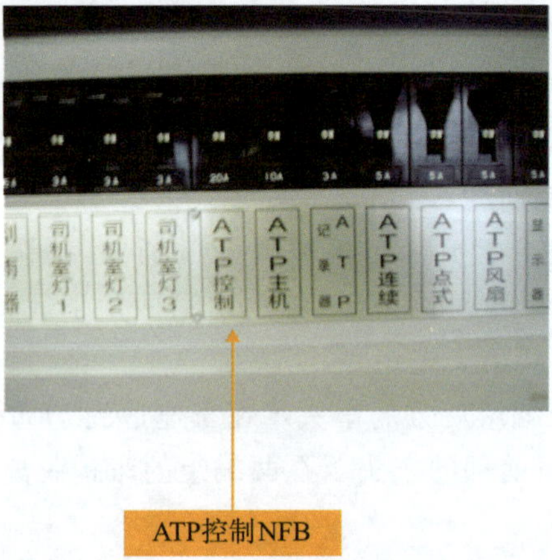

案　例：始发站 ATP 无法正常启动。

CRH2－006 动车组担当 D423 次，在南京站进行换室升弓合 VCB 后发现操作端的 ATP 无法正常启动，司机立即将“ATP 控制”NFB 断开 30s 后合上，使 ATP 装置重启，但无效。司机又将制动手柄至拔取位 30s 后重新投入，可是 ATP 仍无法自动启动。

该起故障的原因是 ATP 在启动时受 VCB 吸合时产生的大电流干扰，致使 ATP 无法启动。司机在日常操作时，应注意 ATP 启动完毕后再合 VCB 按钮。

二、安全计算机、STM、BTM 双系故障

故障现象：DMI 显示安全计算机、STM、BTM 双系故障，ATP 输出紧急制动。

故障原因：

1. 安全计算机双系故障后，ATP 安全保护电路启动。
2. STM 双系故障，ATP 安全保护电路启动。
3. BTM 双系故障，ATP 安全保护电路启动。

故障处理：

1. 在列车停车状态下，断开 ATP 控制开关 30 s 以上，重新闭合，使 ATP 系统重新自检获得通过。

2. 断开 VCB，制动手柄至拔取位使 ATP 失电 30 s 以上，再将制动手柄放快速位，待 ATP 启动后再闭合 VCB（注意：要密切注意动车组车厢集控门的开闭状况，若集控门在开启状态应及时通知随车机械师关门）。

案例1:CRH2－047/023动车组担当D455次,在京沪线宁东站—栖霞山站,DMI显示安全计算机双系故障,ATP输出紧急制动。

案例2:机车电源NFB闭合,对ATP装置产生干扰。

随车机械师于7:58到操纵端司机室头罩内取工具,因为头罩内的光线比较暗,需要打开司机室背后的配电盘内的设备室灯1和设备室灯2。但随车机械师在操作设备室灯1、设备室灯2时,误将机车电源NFB闭合。这时,ATP显示屏上显示安全计算机双系故障,随即列车马上紧急制动停车。随车机械师立刻检查司机室背面配电盘内的开关,发现设备室灯1和2、机车电源、仪表灯开关都处在闭合位,随车机械师将除仪表灯外的其他开关,全部拉下。由于ATP显示屏上显示安全计算机双系故障,司机隔离ATP,列车限速160 km/h运行。运行至常州站后,司机进行ATP复位操作,ATP恢复正常。

故障原因:误将机车电源NFB闭合,对ATP装置产生干扰,造成ATP显示屏上显示安全计算机双系故障,致使列车紧急制动。

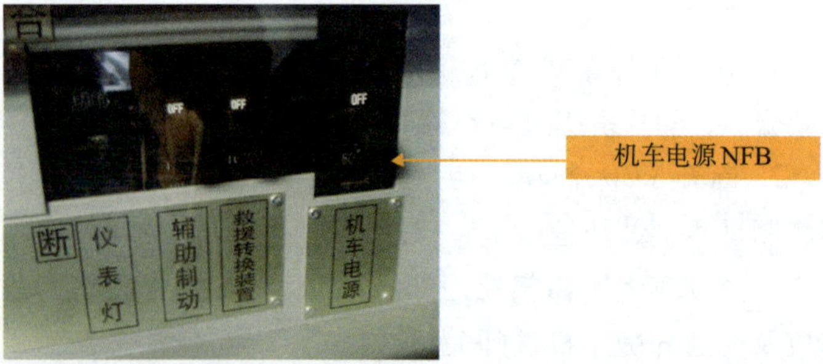

三、DMI 故障

故障现象：DMI 故障，列车紧急制动。

故障原因：

由于 ATP 的 DMI 显示屏无显示，保护电路自动启动，输出紧急制动。

故障处理：

断开 ATP 控制开关 30 s 以上重新闭合，使 ATP 系统重新自检获得通过。

> **案　例：**DMI 故障，列车紧急制动。
>
> CRH2－008/009 动车组担当 D408 次，在京沪线栖霞山—龙潭区间，ATP 故障，显示屏无显示，触发列车紧急制动。

四、在运行途中列车不能牵引运行

故障现象 1：整列车无牵引力输出，驾驶台关门显示灯没有点亮。

故障原因：车门没有全部关闭到位或检测点故障。

故障处理：

1. 通过 MON 查看是否发生车门故障。

2. 司机通知随车机械师排除车门故障，无法排除时由随车机械师将故障车门关闭并隔离，维持运行。

故障现象 2：整列车无牵引力输出。

故障处理：

1. 确认紧急制动缓解后，制动手柄运转位，压力表和显示器显示整列车制动缓解。

2. 通知司机现车制动压力实施,确认制动正常。

3. 停车时,制动控制手柄置于拔出位再投入到运转位,牵引手柄置于切位并再投入。

五、牵引变流器传输不良

故障现象:在监视主菜单页面下方闪现故障提示界面,并伴有声音报警。触按“故障详细”键后,故障显示页面显示“牵引变流器传输不良”。

故障原因:网络传输故障。

故障处理:

1. 在运行状态下,切除故障的 M 车:在车辆信息装置【司机模式】中选择【远程控制切除】,选择单元,M 车切除,按【设定】。

2. 牵引变流器 1NFB 断开 30 s 以上再闭合,如传输不良故障消失,解除 M 车的切除:在车辆信息装置【司机模式】中选择【远程控制切除】,按【M 车切除复位】,按【设定】,正常运行;故障不消失时,切除状态维持运行。

六、牵引变流器故障

故障现象:在监视主菜单页面下方闪现故障提示界面,并伴有声音报警。触按“故障详细”键后,故障显示页面显示“牵引变流器故障 1”。

故障原因:

1. 牵引变流器控制电源异常。

2. 牵引变流器中间直流环节过电压。

3. 牵引电机过流或电流不平衡。

故障处理：

1. 在运行状态下，确认【牵引变流器状态】页面，使用 RS 复位按钮复位 2～3 次，恢复时，正常运行。

2. 牵引变流器 1NFB 断开 30 s 以上再闭合。

3. 故障无法消除，切除相应 M 车。

案　例：牵引电机烧损。

CRH2－008 动车组担当 D456 次车底调车，出上海南动车运用所到上海南站，司机发现 6 号车 MON 报牵引变流器故障（代码 141），随车机械师切除该车牵引变流器。

CRH2－008 动车组担当 D428 次，上海站 14:05 发车后，司机发现 7 号车牵引电机电流时有时无，并且有较大冲击，MON 报牵引变流器故障（代码 004），同样按应急故障处理手册中规定采取 RS 复位，牵引变流器恢复正常。14:09 上海西站调度呼叫司机，反映发现第 7,8 号车连接处冒烟，要求司机停车检查。停车后，随车机械师下车检查 7,8 号车连接处和相连两个转向架，四方厂随车售后服务人员在车上检查运行配电柜和服务配电柜，均未发现异常后 14:16 开车继续运行。开车后司机发现 7 号车 MON 报牵引变流器故障（代码 004），采取 RS 复位不能消除故障，同时在 7,8 号车连接处有明显焦糊味，15:27 运行至丹阳站，四方厂随车售后服务人员下车再次检查 7,8 号车连接处，仍未发现异常后运行至南京站。

D428 次 16:23 到达南京站后，对 7 号车下部进行检查，发现该车 1,3,5,7 位轮盘闸片温度均达到 100 ℃，10 min后再次测量为 80 ℃，采取切除 7 号车牵引变流器和空气制动的处理方案，16:03 开 D437 次返程上海。

D437次17:20到达上海站,使用备用CRH2-020动车组替换CRH2-008动车组开D448次,2008动车组空送运用所检查故障。9:40进入运用所四线库D6道,由川崎公司售后服务人员组织对该车组进行了故障检查,故障原因是牵引电机通风网堵塞造成牵引电机过热烧损。

七、牵引变流器通风机停止

故障现象:在监视主菜单页面下方闪现故障提示界面,并伴有声音报警。触按“故障详细”键后,故障显示页面显示“牵引变流器通风机停止”。

故障原因:

1. 牵引变流器通风机NFB未闭合或跳开。
2. 牵引变流器通风机电机故障。

故障处理:

1. 将牵引变流器通风机NFB闭合。
2. 若未消除在MON上将该M车切除。

八、主电路接地

故障现象:在监视主菜单页面下方闪现故障提示界面,并伴有声音报警。触按“故障详细”键后,故障显示页面显示“主电路接地”。

故障原因:

主电路接地。

故障处理:

1. 使用RS复位按钮复位后闭合VCB,恢复时正常运行。
2. VCB无法闭合时,切除相应动力单元:在车辆信息装置“司机模式”中选择“远程控制切除”，选择单元、M 车切除，按“设定”，闭合 ACK2。

九、主变压器一次侧过电流

故障现象：在监视主菜单页面下方闪现故障提示界面，并伴有声音报警。触按“故障详细”键后，故障显示页面显示“主变压器一次侧过电流”，故障单元 VCB 断开。

故障原因：主变压器一次侧绕组短路或绝缘降低。

故障处理：

1. 司机通过 MON 切除故障动力单元。
2. 闭合 ACK2。

十、主变压器油泵停止

故障现象：在监视主菜单页面下方闪现故障提示界面，并伴有声音报警。触按“故障详细”键后，故障显示页面显“主变压器油泵停止”。

故障原因：

1. 油泵控制 NFB 断开。
2. 油泵故障。

故障处理：

1. 机械师闭合油泵控制 NFB 开关。
2. 如未恢复，司机通过 MON 切除故障动力单元，闭合 ACK2。

十一、EGS 无法断开

故障现象：“EGS”（保护接地）合上后无法断开。

故障原因：

1.“保护接地”NFB 在断位。

2. 辅助风缸风压过低。

3.“保护接地合”按钮未在拔出位。

4.“保护接地切除”旋钮未右旋过。

故障处理：

1. 将“保护接地”NFB 置合位，如图所示。注意：在“EGS”断开后及时将此开关断开。

2. 将辅助空压机控制旋钮右旋使辅助空压机泵风。

3. 将“保护接地合”按钮拔出。

4. 将“保护接地切除”旋钮右旋。

注　　意：当上述处理仍无效时，可将制动手柄置拔取位（夜间及天气不良时应将应急灯打开）后重新投入制动手柄，再将上述处理重新操作一遍。

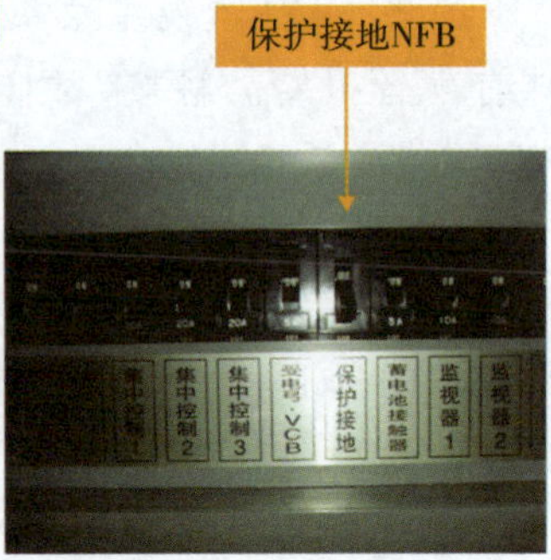

案　例：受电弓损坏自动降弓，EGS 放电后无法断开。

CRH2－009 动车组担当 D424 次运行在陆家浜至昆山区间，在接近昆山站时司机突然发现 MON 上显示受电弓降下，VCB断开，蜂鸣器报警，同时发现接触网压表显示为零。司机立即采取措施将动车组停于昆山站内，停车后经随车机械师检查发现后受电弓损坏，司机立即使用无线调度电话向站内汇报申请断电并要求随车机械师将防溜做好。在得到调度员停电的通知后，将EGS合上进行受电弓的放电操作(因受电弓在降下后有余电)。在受电弓放电完成后，进行断开EGS的操作时将EGS拔出后右旋"保护接地切除"发现EGS无法断开。

该起故障的原因为辅助风缸风压不足造成EGS无法断开，将辅助空压机控制旋钮右旋使辅助空压机泵风后即可实现EGS断开。

十二、受电弓故障

故障现象1:受电弓无法上升。

故障原因:

1. "EGS"在合位。
2. "VCB"在合位。

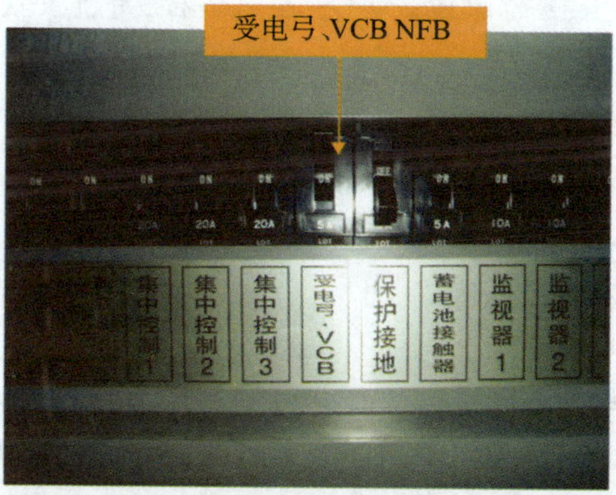

3. 辅助风缸压力过低。

4. 司机室 NFB 盘中的“受电弓 VCB”NFB 在断开位。

5. 4、6 车运行配电盘“升弓”NFB 在断开位。

故障处理：

1. 将“EGS”置断位。

2. 将“VCB”置断位。

3. 将辅助压缩机控制旋钮右旋。

4. 将“受电弓 VCB”NFB 置合位，如图所示。需要注意的是：另一司机室的“受电弓 VCB”NFB 也应置合位，否则受电弓也将无法上升。

5. 由随车机械师将 4、6 车运行配电盘“升弓”NFB 闭合。

案　例：整备作业 EGS 在闭合位，受电弓无法上升。

CRH2－039 动车组担当 D685 次，司机上海南运用所上班，在进行升弓的过程中发现受电弓无法升起，司机在确认 VCB 未闭合的情况下又重新进行升弓操作，但仍无效。

该起故障的原因是 EGS 在闭合位，司机未认真确认。

故障现象 2：受电弓正常升起，但 MON 未正确显示。

故障原因：

1. 压力传感器无法正常工作。

2. 压力开关故障。

故障处理：

随车机械师目视确认受电弓升起后，司机按压“VCB 合”按钮，在 MON【电源电压】页面（如图所示）上确认未升起受电弓的动车组电源电压正常，说明受电弓是升起的，因传输原因造成 MON 无法正确显示。

当确认是 MON 故障时，立即通知随车机械师，并密切注意网压表的显示，遇紧急情况及时采取措施。

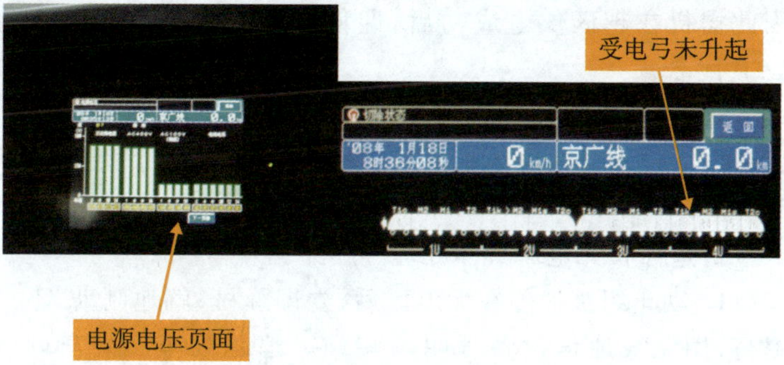

案　例：压力开关故障造成在 MON 上没有正确显示。

CRH2－024/026 动车组担当 D428 次，司机在上海站接班进行换室操纵，当将受电弓进行升起的操作后，在 MON 上发现 24 号车受电弓未升起，司机随即对 24 号车的“EGS”、“VCB”及“准备未完”灯和 24 车和 26 车“受电弓 VCB”NFB 进行检查，发现均在正常位。此时司机又进行了降弓和升弓操作，但 MON 上还是显示 24 号车受电弓未升起。

该起故障的原因是 24 号车压力开关故障造成在 MON 上没有正确显示。

故障现象 3：被迫停在无电区，越区供电 VCB 无法闭合。

故障原因：由于动车组在过分相时采用的是自动过分相装置，所以在动车组进入无电区时自动过分相装置已动作，动车组的逻辑软件在没得到VCB闭合的信号前（也就是说必须使动车组车体下部的自动过分相装置与前方线路轨枕上“VCB合”的磁钢点相切割），是不会闭合VCB的。因此司机在越区供电成功后，即使将受电弓升起也无法将VCB闭合。

故障处理：将整个动车组的逻辑软件失电，将制动手柄置于拔取位进行失电3~5 s后，操作再投入制动手柄按压RS复位。

被迫停在无电区具体处理程序为：

1. 动车组被迫停在无电区后，立即降弓，就地制动，不准退行，用无线通信设备呼叫两端站、追踪列车、列车调度员，报告停车原因、停车位置。

2. 将应急灯开关打置合位（夜间），用无线通信设备通知随车机械师和列车长即将进行换弓操作。

3. 将制动手柄置于拔取位3~5 s后，重新投入制动手柄并将应急灯开关恢复，进行升前弓的操作后将RS复位后再合VCB（如图所示），如若前弓取流成功，在启动试验完成后，可按信号的显示继续运行。

4. 如若前弓取流失败，立即降弓，并使用无线通信设备通知调度申请越区供电。

5. 按规定采取防溜措施，并指派随车机械师进行防护。

6. 在越区供电成功后，及时升弓将RS复位后再合VCB取流，进行制动机试验和启动试验，在确认防溜已撤除，随车机械师已返回动车内，方可按信号的显示继续运行。

在动车组驶出无电区后，及时汇报调度。

案　例：越区供电 VCB 无法闭合。

CRH2－005 动车组担当 D31 次，列车运行在小溪河—石门山区间，在通过小溪河站后，调度所通知 D31 次司机：调令号码 51342#，石门山进站信号机临时故障改按手信号引导接车。司机接令后密切注意石门山进站手信号显示。由于石门山进站信号机地处大弯道，不利于进行瞭望，且在进站信号机前 300 m 设有一分相区、预告信号机至进站信号机间为 8‰的上坡道，待司机确认进站手信号引导后对监控器进行小解锁时，动车组已进入分相区，监控器小解锁限速 20 km/h，由于地处 8‰的上坡道动车组被迫停于无电区。司机申请救援。在得到调度员对动车组停于无电区进行越区供电的调令并通知司机可以升弓后，司机将受电弓升起，合 VCB 但 VCB 不能闭合。

十三、VCB 故障

故障现象：升弓后，风压不足，VCB 无法闭合。

故障原因：由于受电弓升起时使用辅助风缸的风，造成在合 VCB 时辅助风缸风压不够无法闭合。

故障处理：右旋辅助空压机控制旋钮，待风压充足后，按压 VCB 合按钮。

> **案　例：**风压不足，VCB 无法闭合。
>
> CRH2－048/021 动车组在××动车所，司机升弓后，待准备未完灯灭，按 VCB 合按钮，双组中 2，4 单元 VCB 合不上，司机认为 VCB 故障，将 VCB 切除后出所运行。

司机在升弓后准备未完灯灭按压 VCB，而部分单元 VCB 不能闭合，可待风压继续上升后，再进行一次 VCB 断合操作。

十四、制动控制装置故障（故障代码 059）

故障现象 1：在监视主菜单页面下方闪现故障提示界面，并伴有声音报警。触按“故障详细”键后，故障显示页面显示“制动控制装置故障”。

故障原因：BCU 故障。

故障处理：

1. 运行至停车站后，随车机械师将该车辆的制动控制装置 NFB 断开再闭合，如恢复，正常运行（如在运行中断开会紧急制动）。

2. 无法恢复时，随车机械师将该车辆配电盘下紧急阀（红色）关闭，闭合紧急短路 NFB，再将该车辆制动控制装置 NFB 断开，司机汇报调度，维持运行。

故障现象 2：抱死故障报警。

故障原因：运行中某一车轮的转速信号为零时，自动检测判断为车轮抱死，并在 MON 上报警。

故障处理：

出现抱死报警后，应使用快速位停车。通知机械师，停车后，机械师下车检查确认，如无异常，由随车机械师签字确认，并将抱死切除运行。如确定为车轮抱死，随车机械师通知司机；司机转报列车调度员和有关部门，并指挥有关人员做好列车防护工作。

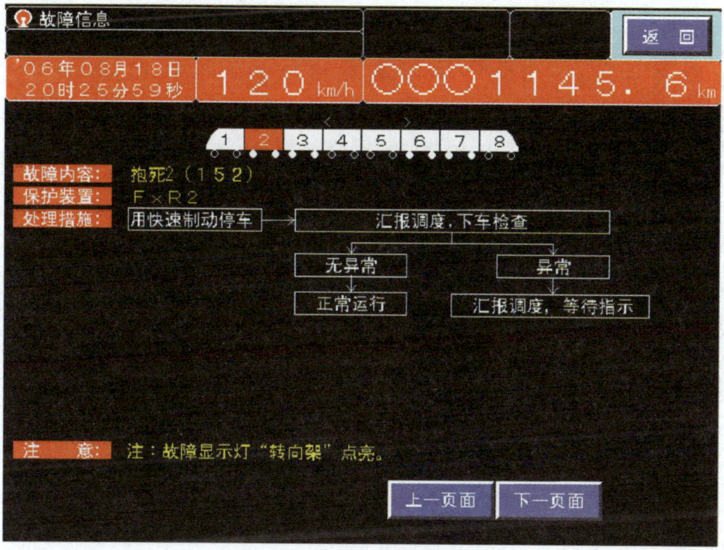

案 例：D416次上海开往南京，10:35，202101车司机室MON报抱死2（代码152）故障，需快速制动停车并要求下车检查。列车到达昆山站，司机与站调联系要求临时停车。下车进行了检查，一、二位所有的车轮和测速电机和连线都正常，温度也在允许范围内。将情况汇报了调度，调度在咨询厂方专家以后，通知随车机械师做好抱死2切除处理可以继续运行，不会影响行车安全。列车到达南京站后，厂方技术人员上车，断电复位后MON上显示正常。列车于12:52发车，但是车还没驶出南京站1号车又报抱死2故障（代码152），于是随车机械师又对车子进行了切除处理，当车子到达苏州站时，随车机械师与司机联系要再次下车检测车轴温度，测量结果依然正常。（由于2位侧是高站台无法检测）1位侧四车轴温度分别为：一号轴27.9℃、二号轴31.2℃、三号轴29.8℃、四号轴29.8℃。列车继续运行，于15:05正点到达上海站（D425），随车机械师又进行了一次复位操作。列车于15:35发车（D436），同样还是在列车始发不久MON显示202101车抱死2故障（152），再次切除以后向调度汇报情况，调度回复此故障不影响行车可以继续行驶，待晚上入库再进行处理。途中均无异常情况发生。

故障现象3：MR压力低，列车紧急制动。

故障原因：

1. MR压力继电器误动作，造成安全保护电路动作，输出紧急制动。

2. MR压力低于规定值，造成安全保护电路动作，输出紧急制动。

故障处理：

1. 在MON上确认MR压力是否正常，当MR压力正常时，复位紧急制动，无法复位时通知机械师共同进行断电处理,仍无效。将1或8车通过台旁配电盘内3-3D开关合上,复位紧急制动。在途中应密切注意MR压力发现有异常情况及时采取措施。

2. 当MR压力低于规定值时,应积极查找故障,在未排除故障前严禁将1或8车通过台旁配电盘内3-3D开关合上。

案 例:CRH2-025动车组担当D406次,在京沪线六摆渡站,因MR压力低造成紧急停车。

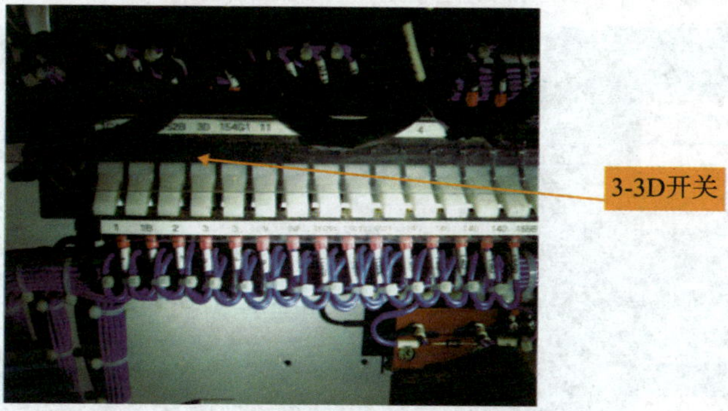

故障现象4:制动力不足,列车紧急停车。

故障原因:

因某节车制动力不足,安全保护电路动作,输出紧急制动。

故障处理:

1. 制动手柄在快速位,操作“紧急复位”按钮,如恢复正常,继续运行。

2. 如未恢复,到该故障车运行配电盘紧急制动控制NFB

(UVN)、制动控制装置 NFB(BCUN)断开再闭合。

3. 再次操作【紧急复位】按钮,如恢复,正常运行。

4. 如未恢复,切除该故障车制动系统。对该车进行关门操作。到该故障车运行配电盘关闭(红色)紧急阀,(白色)供风阀门,闭合紧急短路 NFB,断开制动控制装置 NFB。切除部分制动力后,按规定限速运行。

5. 在 MON 监视屏确认故障处理情况,紧急制动复位,正常运行。

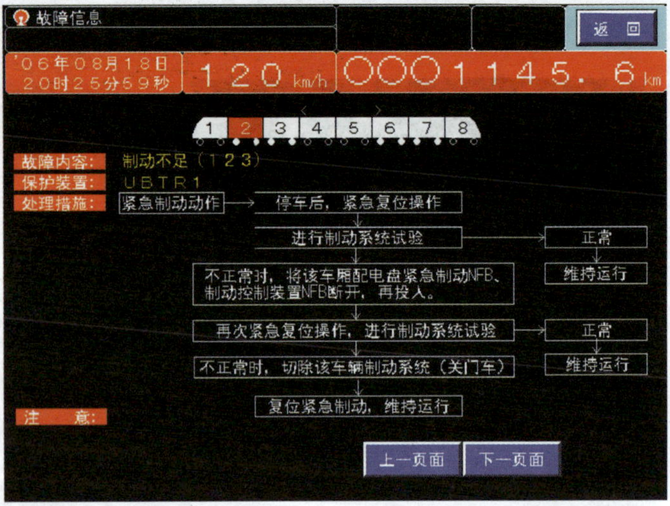

案　例:CRH2－001/002 动车组担当 D426 次,在京沪线常客—新闸镇区间,司机实施常用制动,MON 显示屏显示“制动力不足”,故障代码“123”,列车紧急制动。

十五、制动控制装置速度发电机断线

故障现象：在监视主菜单页面下方闪现故障提示界面，并伴有声音报警。触按“故障详细”键后，故障显示页面显“制动控制装置速度发电机断线 1”。故障显示灯“转向架”亮。

故障原因：速度发电机传输线断。

故障处理：

1. 使用快速制动停车。

2. 随车机械师下车检查，断线修复时，正常运行。

3. 无法恢复时，随车机械师切除该车辆制动系统（关门车）。切除部分制动力后，按规定限速运行。

4. 司机在 MON 上进行“抱死切除”。

十六、制动不缓解

故障现象 1：在监视主菜单页面下方闪现故障提示界面，并伴有声音报警。触按“故障详细”键后，故障显示页面显“制动不缓解”。

故障原因：

1. 压力传感器故障。

2. 基础制动装置故障。

3. 制动电磁阀故障。

故障处理：

1. 立即停车。

2. 停车后，缓解制动，确认 BC 压力。

3. BC 压力有残留时，通知随车机械师将该车辆的制动控制装置 NFB 断开 30 s 以上再闭合，司机进行紧急复位操作，缓解制动,确认 BC 压力;仍有残留时,通知随车机械师将该车作关门处理,确认 BC 压力。切除部分制动力后,按规定限速运行。

故障现象 2:紧急制动无法复位。

故障原因:

1. 总风缸(MR)压力不够(小于 590 kPa)。

2. 制动手柄不在快速位。

3. 紧急制动拉杆在作用位。(此拉杆共有 6 个,两司机室各有 2 个,7 号车随车机械师室和列车长室各有 1 个)。

4. 司机室台阶下方“救援”开关在“救援”位(此开关在 220 V 插座前方)。

5. 司机室头罩内总风气压开关在关闭位。

6. 单列动车组两司机室连接切换器均在合并位。

7. 双列动车组重联两司机室连接切换器均在分割位。

故障处理:

1. 将制动手柄置于快速位,按下紧急复位按钮。

2. 将“救援转换装置”NFB 置于合位,制动手柄快速位按压紧急复位,能复位说明总风压力不够,总风压力上升后将救援开关断开。

3. 将紧急制动拉杆复位,按下紧急复位按钮。

4. 将“救援”开关扳至“正常”位,制动手柄快速位,按下紧急复位按钮,即可缓解。

5. 将司机室头罩内总风气压开关置开通位(此开关有 590 kPa 和 340 kPa 二个,分别在正常运行和救援时作用)。

6. 将单列动车组两司机室连接切换器均置分割位。

7. 将双列动车组重联端两司机室连接切换器均置合并位。

救援开关正常位

紧急制动拉杆

总风气压开关

案　例：制动手柄未在快速位无法紧急制动复位。

动车回送车 0D404 次（CRH2－060），司机×××在上海南运用所上班，在完成了升弓合 VCB 的作业后，发现紧急制动不能缓解，司机立即进行总风压力检查，风压正常，随即对副司机下方“救援开关”进行检查也无异状，随后司机打开 MON 上“车辆信息”页面查看“紧急制动拉杆”是否动作，经检查“紧急制动拉杆”未动作。

司机未在快速位进行紧急制动复位，要求司机在进行各类操作时必须按规定程序、规定位置进行。

故障现象3：紧急制动复位后仍不缓解。

故障原因：

1. 操纵端与非操纵端“救援转换装置”NFB在合位。

2. CTCS－0级区段，ATP等级不正确。

故障处理：

1. 将“救援转换装置”NFB置于断位（OFF）。

2. 将ATP等级切换至CTCS－0级。

案　例：常用制动无法缓解。

动车回送车0D402次（CRH2－026），司机在上海南运用所进行上班作业时发现动车组不能缓解（保持常用制动），司机立即检查DMI上的等级是否为CTCS0级，操纵端的“救援转换开关”是否在闭合位，经检查上述两部件均在正常位。

该起故障的原因是非操纵端“救援转换开关”在断开位。

十七、重联故障

故障现象1：“联挂准备”按钮按下后不开罩。

故障原因：

1. NFB盘上段“联解控制”、“联解限位”、“24 V电源”NFB在断位（OFF）。

2. 1号车司机室左侧门里的“试验”开关在合位（ON）。

3. 1车和0号车司机室头罩内前部风路塞门在关闭位（风路塞门手柄垂直于管路）。

故障处理：

1. 三个NFB均应放在合位（ON）。

2. 恢复“试验”开关(灯灭)。

3. 将前部风路塞门置于开放位。(风路塞门手柄水平于管路)。

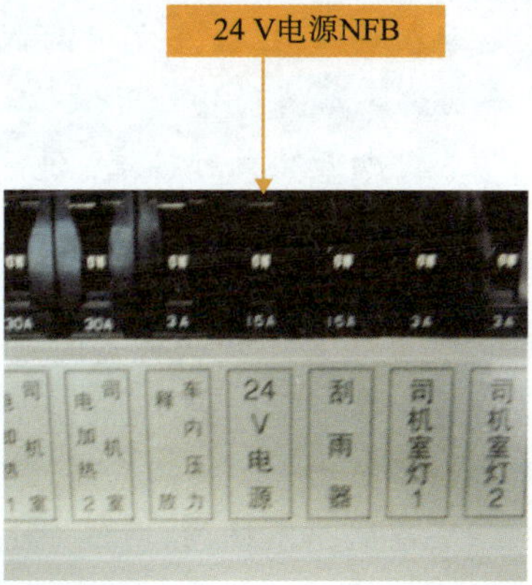

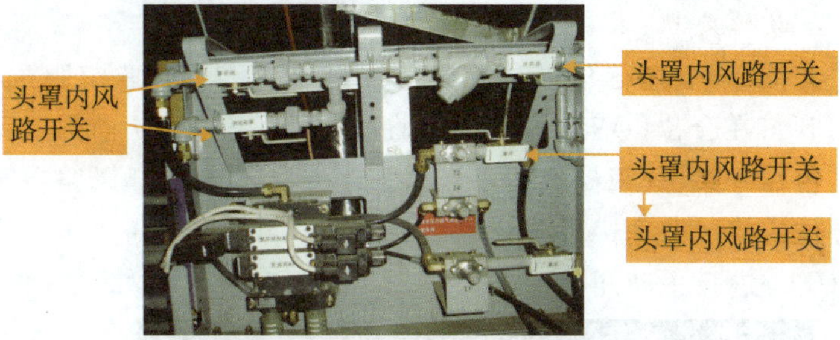

案 例:双组联挂,头罩无法打开。

CRH2-023 动车组担当 D434 次,运行至栖霞山接到调度命令:54231#,要求在南京站待旅客下车完毕后与南京站 8 道的 CRH2-024 动车组进行重联备开 D449 次,司机在南京站下客作业完毕后,将 CRH2-023 动车组转至

8道进行联挂作业，在距CRH2－024动车组10 m处一度停车，按压“联挂准备”发现动车组头罩无法打开，司机立即检查司机室NFB盘上段“联解控制”、“联解原位”NFB是否在断位，经检查发现两NFB均在闭合位后又检查头罩前部风路塞门均在开放位。

经检查发现司机室“24 V电源”NFB在断位(OFF)。造成头罩无法打开，将该NFB合上即可。

故障现象2：无火回送时，机车联挂前“强制开罩”头罩无法打开。

故障原因：

头罩风路不畅通，造成“强制进行”灯亮，“强制开罩”头罩无法打开。

故障处理：

按“强制进行”按钮，看灯是否熄灭，不灭将“联解限位”NFB打在合位(ON)，先将“强制进行”灯复位，确认前部风路是否在开放位(风路塞门手柄水平于管路)，若前部风路在断开位应将风路塞门置开放位，再将“联解限位”NFB置于断位(OFF)进行手动开罩操作。

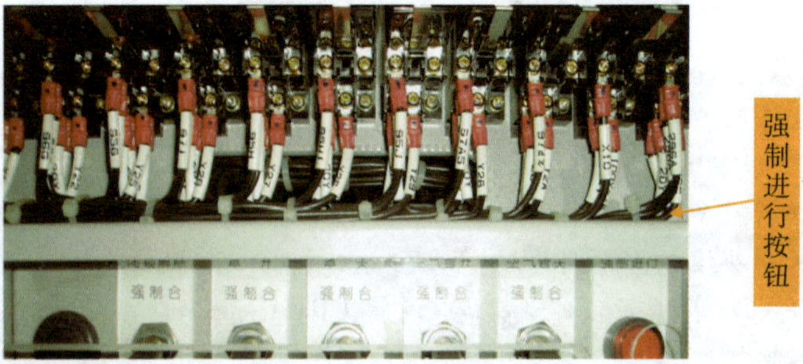

案　例：无火回送，机车联挂前“强制开罩”头罩无法打开。

司机×××在上海南运用所进行夜班作业，在晚10点左右运用所调度通知将CRH2－001动车组进行无火回送至莘庄站。司机立即上车，使用强制开罩法欲将头罩打开，可是当司机将“联解限位”NFB断开，将“闭锁解除”和“罩开强制合”合上时，发现“强制进行”灯亮立即按压“强制进行”灯，无效。

该起故障的原因是头罩风路不畅通，正确处理方法是将头罩风路塞门置开放位，再将“联解限位开关”置于断位（OFF）进行手动开罩操作。

故障现象3：动车组双组重联后无法复位紧急制动。

故障原因：动车组双组重联端的两司机室的连接切换器在“分割”位。

故障处理：

将双动车重联端的两司机室的连接切换器打到“合并”位。

案　例：双组重联后，连接切换器未有效闭合到位，无法紧急复位。

动车组司机×××担任上海南运用所日班热备，在上午9时接到运用所调度通知：将两组单列动车组进行重联操作。司机接令后立即出动，进行两组动车组的重联操作，待到将两组动车组重联MON上显示16编组后复位紧急制动时，发现仅能复位前列动车组的紧急制动，司机立即检查重联端两司机室的连接切换器均处于“合并”位。

该起故障的原因是重联端两司机室的连接切换器虽均处于“合并”位，但未有效闭合到位，应急处理时可在断电降弓后，使用扳手将继电器人工闭合。

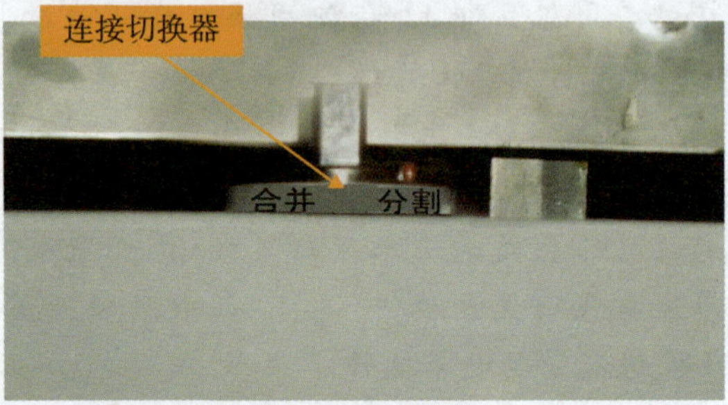

十八、辅助电源装置通风机停止

故障现象：在监视主菜单页面下方闪现故障提示界面，并伴有声音报警。触按“故障详细”键后，故障显示页面显示“辅助电源装置通风机停止”。

故障原因：

1. 辅助电源装置通风机 NFB 未合。
2. 辅助电源装置通风机过流。
3. 辅助电源装置通风机接地。
4. 辅助电源装置通风机电机故障。

故障处理：

1. 将跳闸的辅助电源装置通风机 NFB 复位，不跳，正常运行。
2. 仍跳，司机在 MON 上闭合 BKK。

十九、辅助电源装置故障

故障现象1：在监视主菜单页面下方闪现故障提示界面，并伴有声音报警。触按“故障详细”键后，故障显示页面显示“辅助电源装置故障”。

故障原因：辅助电源装置主元件故障。

故障处理：

1. 随车机械师断开“辅助电源装置控制”NFB 30 s 后再闭合。

2. 使用 RS 复位按钮复位，恢复时正常运行。

3. 无法恢复时，司机在 MON 上闭合 BKK。

案　例：辅助电源装置故障。

由 CRH2－019＋020 动车组重联担当 D663 次从上海南开往杭州。12:37 动车组 MON 报 1 号车“辅助电源装置故障，故障代码:135”。司机进行复位操作，不能复位，切除该车 APU 运行，13:04 到达杭州。在杭州站司机进行复位操作，复位成功。

担当杭州至上海南 D668 次时，在运行途中 MON 又报 1 号车“辅助电源装置故障，故障代码:135”。司机再次复位后恢复正常，该次列车于 15:10 正点到达上海。

在担当上海南至杭州 D673 次时，于 16:00 MON 报 1 号车“辅助电源装置故障”，故障代码仍是:135，司机进行了 RS 复位，无效。20 列机械师进行了 APU 的 NFB 断开后再复位，但故障仍然未消除。司机按照 MON 提示操作闭合 BKK 延伸供电，便出现了 20 列 8 号车 APU 故障，且 20 列的 2,3,6,7 号车出现了牵引变流器故障(004)，司机又进行RS复位，无效。接着司机对2，3，6，7号车进行了M车切除，然后再复位，APU故障仍然存在。在此情况下，列车维持运行到杭州。到杭州后，20列8号车APU恢复正常，但1号车APU故障仍然继续。经过扩展供电后，17:48，CRH2－019+020A动车组重联担当D678次从杭州开车，19:10到达上海。

故障检查：

入库后，检查发现APU内部三相AC400V输出接地检测单元(ACCT－UNIT)烧毁。

测量771、781、791线对地绝缘阻值，阻值显示为零。进一步检查发现2号车ACK1接触器箱接线端子至一位端连接器之间的配线781接地，晃动接触器箱上部大线时，接地电阻值有所增加，判断接地点在接触器箱上部，待进一步分解、确认。

另外，通过查看MON和APU内部记录数据，数据均显示CRH2－20A的1、8号车出现多次的代码为135与GFD的故障。

故障原因：

由于2号车781线交流回路接地，检测接地电路动作。MON报1号车“辅助电源装置故障，故障码:135”，却未报“辅助电源装置接地”，故障码:243。

ACCT模块烧损的原因推测是在MON未报“辅助电源装置接地”的情况下，由于司机多次复位，导致该模块烧损。

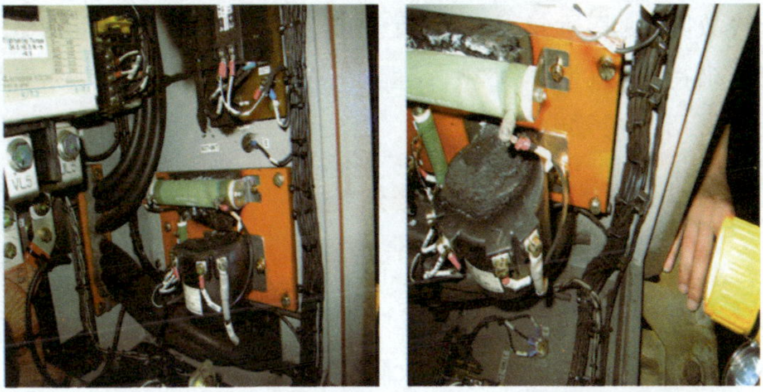

20 列 1 号 APU 内三相 AC400V 输出接地
检测单元 ACCT – UNIT 烧毁情况

故障现象 2：辅助电源装置发生故障却不能进行 BKK 扩展供电。

故障原因：APU 停机，此动力单元所有的辅助电源失压，进行 BKK 闭合时，另一单元 APU 发生故障停机。

故障处理：

1. 断开故障单元的 AC 三相 400V（771#，781#，791#线）所有负载[散热通风机、空气压缩机、辅助电源装置（APUBMN，ARFN2，ACVN1，ACVN2，APUCN）等]。

2. 闭合 BKK 进行扩展供电。

3. 如能闭合 BKK 扩展供电，再逐个闭合负载 NFB。如遇 MTrBM NFB 跳闸，则在 MON 上切除该故障风机的变压器 NFB，闭合 ACK2，空调自动减半，维持运行。如遇 MMBM，CIBM NFB 跳闸，则在 MON 上切除该故障风机动车。辅助电源（APUBMN，ARFN2，ACVN1，ACVN2，APUCN）其中之一跳闸，则切除相应负载。进行 BKK 扩展供电。

4. 如仍不能闭合 BKK 扩展供电,说明是771#,781#,791#干线故障,则切除该故障单元主变压器及动车,按运规要求限速维持运行(重联无须限速)。关闭该故障单元的换气装置。密切注视蓄电池电压。

二十、主变压器三次侧过电流

故障现象:在监视主菜单页面下方闪现故障提示界面,并伴有声音报警。触按"故障详细"键后,故障显示页面显示"主变压器三次侧过电流",故障单元 VCB 断开。

故障原因:主变压器三次侧过电流。

故障处理:

1. 确认辅助电路过电流 NFB 跳闸;断开相应单元的"辅助电源装置控制"NFB。

2. 闭合 BKK。

二十一、主变压器三次侧接地

故障现象:在监视主菜单页面下方闪现故障提示界面,并伴有声音报警。触按"故障详细"键后,故障显示页面显示"主变压器三次侧接地",故障单元 VCB 断开。

故障原因:主变压器三次侧接地。

故障处理:

1. 使用 RS 键复位,投入 VCB。

2. 无法投入时,断开相应单元的"辅助电源装置控制"NFB,闭合 BKK。

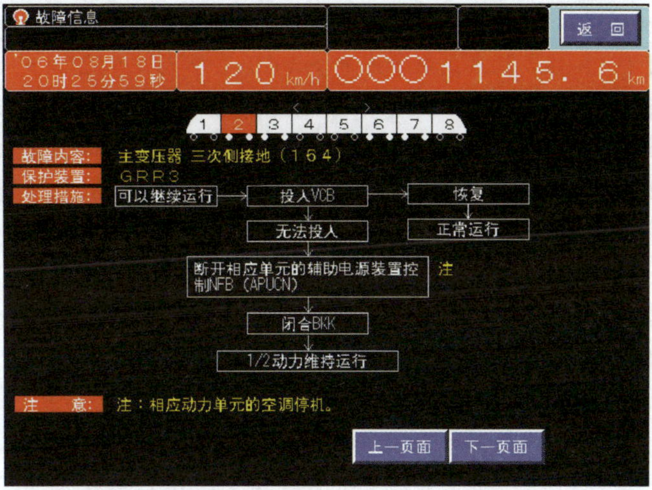

案　例：主变压器三次侧接地(164)故障。

D418次上海站正点发车，车辆运行安亭至昆山站区间MON上报200306车主变压器三次侧接地(164)故障。2单元VCB跳闸，随车机械师将二单元司机室空调、5～8车空调及换气装置切除，8车辅助电源装置切除，将6车运行配电盘中真空断路器空开断开再复位。在主控司机室(1号车)操作2单元VCB闭合。但仍然报164故障(怀疑701、751线路ACK1前端问题)，于是机械师进行2单元扩展供电(闭合ACK2)后恢复2单元APUCN，并逐个恢复5～8车空调装置。当恢复到6车空调1时1单元VCB也跳闸报三次侧接地故障。(怀疑6车空调1也存在接地故障)此时车辆已行至昆山站，10:50左右，待旅客上下完毕之后通知D418次司机进行降弓断电，对系统进行重启。机械师在主控司机室(1号车)对扩展供电进行复位(ACK2扩展断开)并闭合VCB,1单元正常2单元仍然VCB闭合不上,扩展(ACK2)供电后1单元VCB再次跳闸,为了尽快恢复行车,断开ACK2扩展,使1单元能正常运转,同时通知司机按规定申请限速160 km/h运行,途中为避免车辆失去牵引造成停车,未再做扩展供电。

南京站利用折返站放客及司机换端时间,在8车主控司机室进行降弓断电,系统重启。在2单元所有空调及供排气未恢复的情况下,两单元VCB都能合上,此时机械师逐个恢复2单元空调装置,当复位至6车空调装置1时2单元VCB再次跳闸,报164故障(初步判断6车1位空调存在接地故障)。后对6车真空断路器开关断开后再复位操作,切除6车1位空调。再次闭合2单元VCB,对6车1位以外的空调进行复位,未出现2单元三次侧接地故障。

上海站下客完毕空送上南区间再次推上6车空调1,2单元VCB再次跳闸,确认6车1位空调有接地故障。

二十二、辅助电源装置传输不良

故障现象:在监视主菜单页面下方闪现故障提示界面,并伴有声音报警。触按“故障详细”键后,故障显示页面显示“辅助电源装置传输不良”。

故障原因:通信故障。

故障处理:

1.“辅助电源装置控制”NFB断开30s以上再闭合,恢复时正常运行。

2. 无法恢复时，断开相应单元的辅助电源装置控制 NFB。

3. 闭合 BKK。

二十三、空调故障

故障现象：在运行途中空调装置高压开关动作（代码 118，119）。

此故障会造成空调压缩机停机。

故障原因：空调滤网堵塞。

故障处理：

1. MON 监视屏切换至【故障信息】界面，查看故障。

2. 随车机械师在 MON 监视屏上按压［空调复位］键，进行空调复位操作。故障恢复，正常运行。

3. 故障未恢复，到故障车服务配电盘，将故障空调的空调控制 NFB1 或 NFB2 断开，再闭合。

4. 观察空调是否恢复，如未恢复，暂时切除故障空调，改为［通风模式］运行，将车厢通过门置于手动打开位。

5. 将本车厢的换气装置关闭。

6. 同时可通过温度控制设定器查看压力值及详细的故障原因（故障代码）。以便有进行下一步故障处理。

7. 等 10 ~ 20 min，待高压部分及冷凝器充分冷却，压力下降至系统压力平衡。

8. 将温控器设定温度调高至 27 ~ 28 ℃，空调再重新投入工作。

注：第 5，8 条也适用于外温超过 36 ℃时空调使用。

二十四、动车组运行中或停站时发生车门关闭故障

故障现象 1：车侧显示灯亮，司机操纵台显示灯“关门”灯

熄灭，如果是在出发前，则动车无法启动，如果是在运行中，则丧失牵引力。

故障原因：

1. 车门限位开关不良。

2. 车门关闭未到位。

故障处理：

1. 通过MON监视屏【车门关闭故障第×位】故障界面确认故障车门位置。

2. 到该故障车，检查该车门，在停站时，如能立即处理的立即修复故障。

3. 不能处理或在运行中，将故障车门关闭，锁闭隔离锁。闭合“关门车连锁1”或“关门车连锁2”。断开“关门1”或“关门2”NFB。

4. 通过MON监视屏，确认故障车门处理情况。

案 例：异物卡住，车门关不到位。

南京站13:02准备开D407次，司机发现关门灯不亮。

随车机械师赶到该部位查看，发现旅客行李箱撑脚断裂，卡在门框下方导致车门关不到位，清理干净门框上的异物后，故障消除。

车门联锁未接通电路，导致车门灯不亮，列车无法牵引。

故障现象2：车门关闭后关门灯不亮。

故障原因：司机室NFB盘中的“显示灯电源”NFB在断位。

故障处理：将"显示灯电源"NFB 置合位（要注意的是关门灯的电源是从非操纵端司机室"显示灯电源"NFB 向操纵端司机室"显示灯电源"NFB 送电的，即当在 1 号车操纵时，需注意 0 号车 <重联时为 16 车> 的"显示灯电源"NFB 是否合上）。

> **案　例：**非操纵端 NFB 开关在断开位，车门关闭后关门灯不亮。
>
> 司机在上南运用所上班值乘 0D404 次，在完成准备工作后，信号楼呼叫司机信号开放，司机准备动车，发现关门灯未亮，遂呼叫随车机械师将车门关闭，随车机械师回答车门已关闭，司机随即再次确认关门灯显示仍为熄灭状态，司机打开 MON 上车门信息页面，发现车门均已关闭。
>
> 该起故障的原因是非操纵端"显示灯电源"NFB 开关在断开位。

二十五、主空压机安全阀动作

故障现象：主空压机同时泵风不止，造成安全阀动作。

故障原因：

1. 同步继电器故障。

2. MR 管系泄漏。

故障处理：

1. 通知随车机械师将 3,5,7 车（重联时为 3,5,7,11,13,15 车）运行配电盘中"压缩机同步"NFB 全部断开。

2. 检查泄漏处所，及时修复。

案 例:CRH2－023/024动车组回送0D402次,在进行上班后的各项操作后,例行下车检查前照灯的照明情况时,发现主空压机安全阀在不断的冒汽。司机立即上车将MON页面调至主空压机页面,发现6只主空压机在同时动作且司机室风压表显示总风压力已至890 kPa,为防止主空压机不断的工作造成压缩机烧损,司机立即将6只主空压机断开。

该起故障的原因是主空压机同步继电器故障,通知随车机械师将3,5,7车(重联时为3,5,7,11,13,15车)运行配电盘中“压缩机同步”NFB全部断开。

第三章 CRH5 型动车组故障处理

第一节 故障处理的基本操作方法

一、小复位操作步骤

1. 确认主控钥匙在“1”位，主指令开关在“1”位，主手柄和方向手柄均置“0”位。

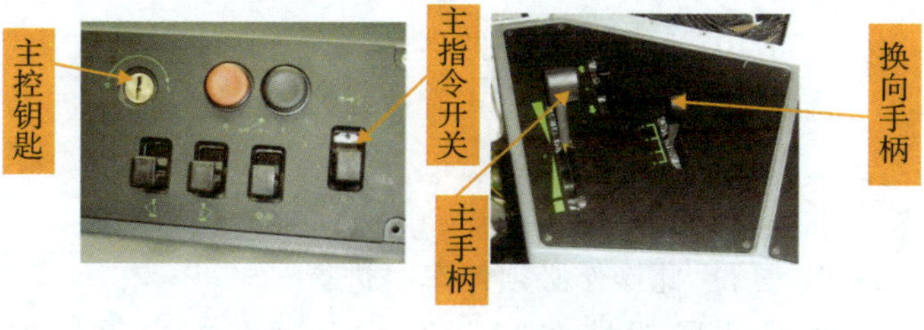

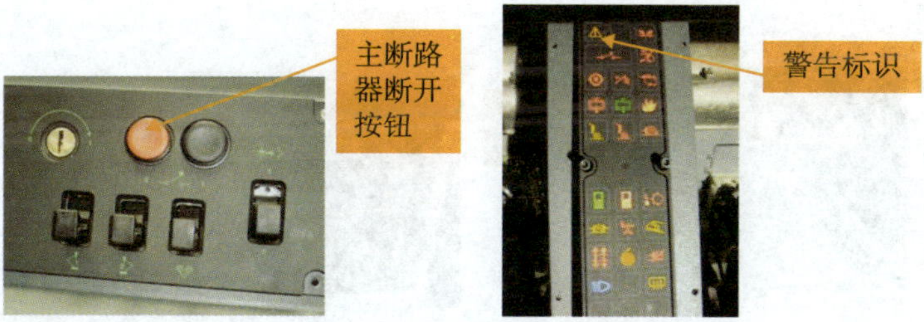

2. 断开主断路器，降下受电弓，确认网压正常。

3. 按住"主断路器断开"红色按钮直至操纵台指示灯出现警告标识,系统进行重新配置。

4. 警告标识消失后,确认 DJ1 闭合正常。

5. 进行升弓操作,确认网压上升并稳定。

6. 等待 10 s 后闭合主断路器。

7. 确认辅助变流器工作正常后,操作主手柄。

二、大复位操作步骤

TCMS 复位,此操作必须停车时进行。

1. 确认主控钥匙在"1"位,主手柄和方向手柄均在"0"位。

2. 断开主断路器,降下受电弓,确认网压为零。

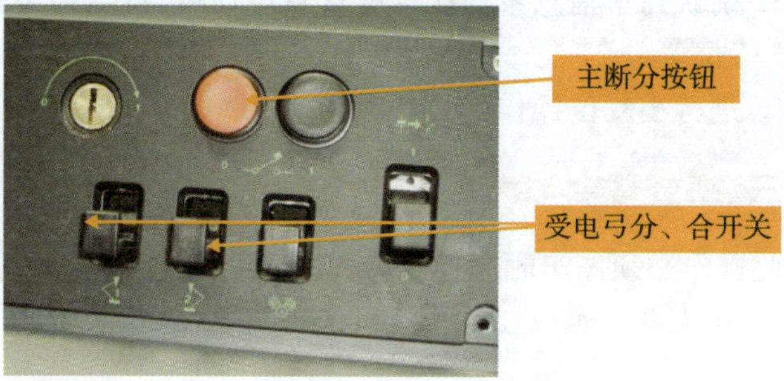

3. 将主指令开关拨至“0”位(此时列车起紧急制动)。

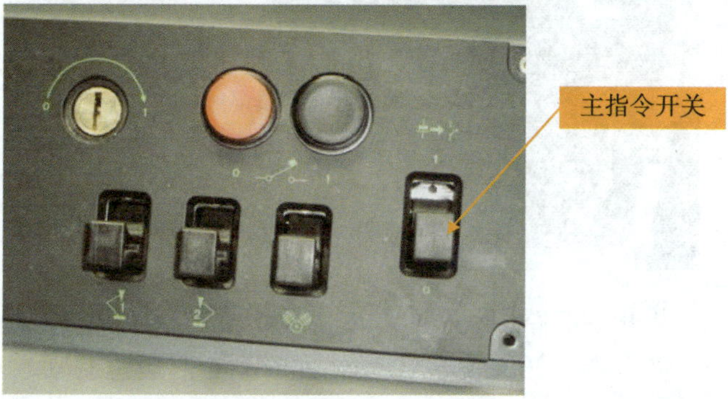

4. 按下左后侧电器柜(QCA 控制柜)上“RESET”按钮，对 TCMS 系统进行复位操作。

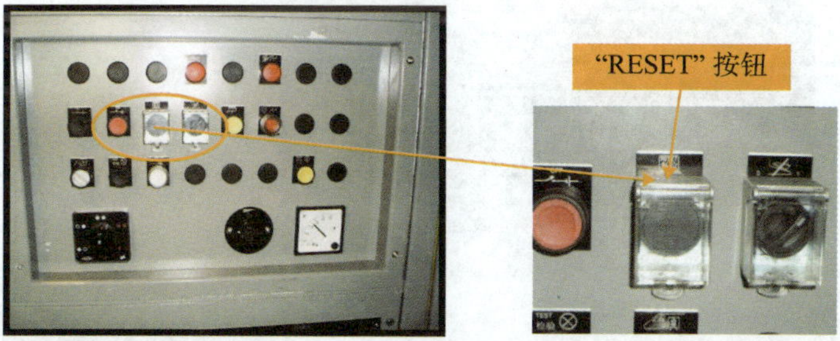

5. 确认列车信息系统显示屏重新启动后,将主指令开关拨至“1”位。

6. 进行小复位操作。

三、断合蓄电池大复位操作步骤

此操作必须停车时进行。

1. 确认主手柄和方向手柄均在“0”位。

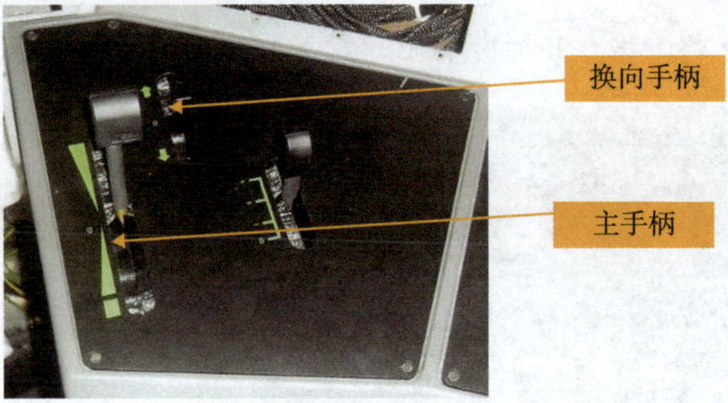

2. 断开主断路器,降下受电弓,确认网压为零。

3. 将主指令开关拨至“0”位(此时列车起紧急制动)。

4. 将主控钥匙置“0”位。

5. 按下左后侧电器柜（QCA 控制柜）上“OFF”按钮，断开蓄电池。

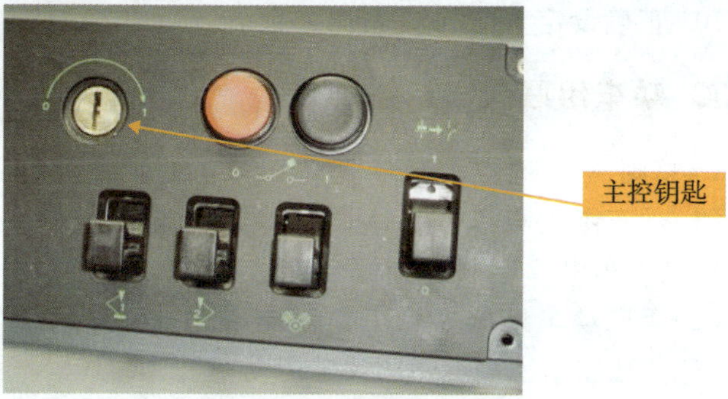

6. 等待10 s 钟后，按下 QCA 电器柜上蓄电池“ON”按钮，闭合蓄电池。

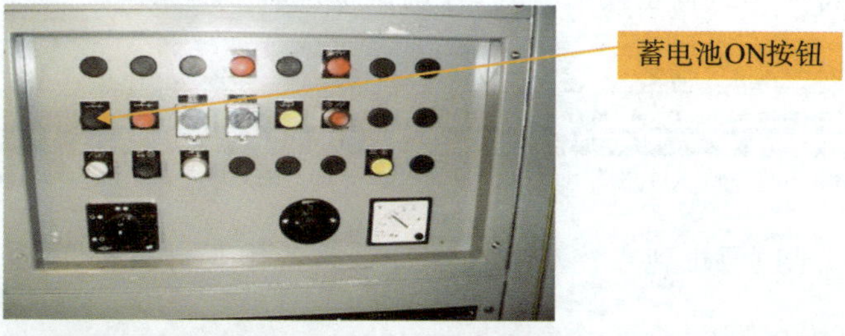

7. 确认列车监控器重新启动后,将主控钥匙置"1"位。

8. 将主指令开关拨至"1"位。

9. 进行小复位操作。

10. 正确设定 ATP、LKJ 行车参数。

四、动车组联挂与解编

1. 总则

(1)动车组重联作业由司机与机械师共同完成,1 名司机负责操纵动车组,2 名机械师配合重联操作。

(2)重联动车组分主控车和被控车,主控车为主动重联的动车组,被控车为被重联的固定的动车组。

(3)主控车机械师为①号机械师,被控车机械师为②号机械师。

2. 动车组自动连接(重联)操作

(1)①号、②号机械师分别确认各自动车组是否具备重联功能。

(2)①号、②号机械师确认动车组联挂端正确。

(3)司机到被控车联挂端进行整备作业,打开联挂端头罩,并呼叫②号机械师:"②号机械师,请确认联挂端头罩状态"。②号机械师在车下确认联挂端头罩已打开,并回答:"联挂端头罩已打开"。司机回答:"头罩已打开,司机明白"。司机将动车组置于换端模式,并确认弓位。

(4)司机到主控车联挂端进行整备作业,按"前前弓,后

后弓”原则升弓供电，打开联挂端头罩。由①号机械师引导，司机操纵动车组在被控车前5 m处停车。司机呼叫①号机械师：“①号机械师，请确认联挂端头罩状态”。①号机械师在车下确认联挂端头罩已打开，并回答：“联挂端头罩已打开”。司机回答：“头罩已打开，司机明白”。

(5)①号、②号机械师分别确认两重联动车组联挂端Z10（自动车钩截断塞门，在司机室操作台左下柜内）、Z05（总风管截断塞门）、Z06（列车管截断塞门）、电气车钩的气路阀门处于开位。确认后，②号机械师向①号机械师报告本车状态。

Z05 打开状态

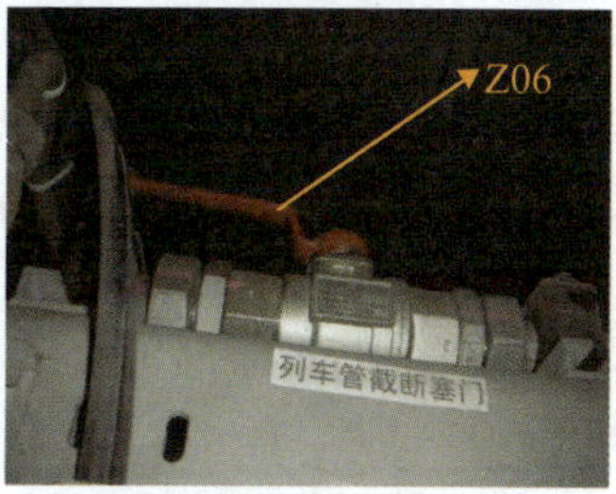

Z06 打开状态

钩电气连接器的气路阀门关断

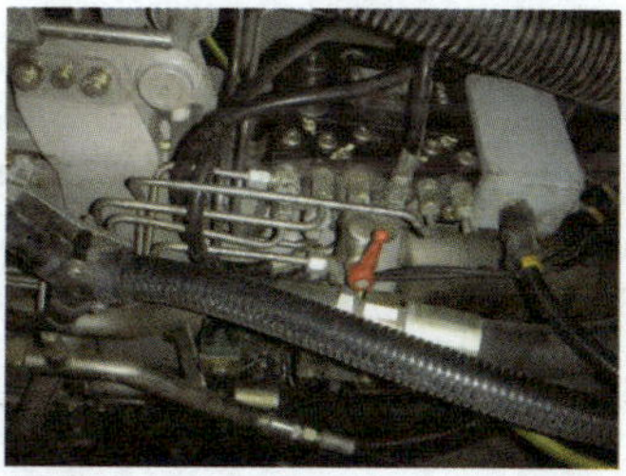
钩电气连接器的气路阀门打开

(6)①号机械师在车下确认两列动车组自动车钩(若锁紧装置探出,需要手动将锁紧装置恢复原位)、电气连接器状态,通知司机联挂准备就绪可以联挂。

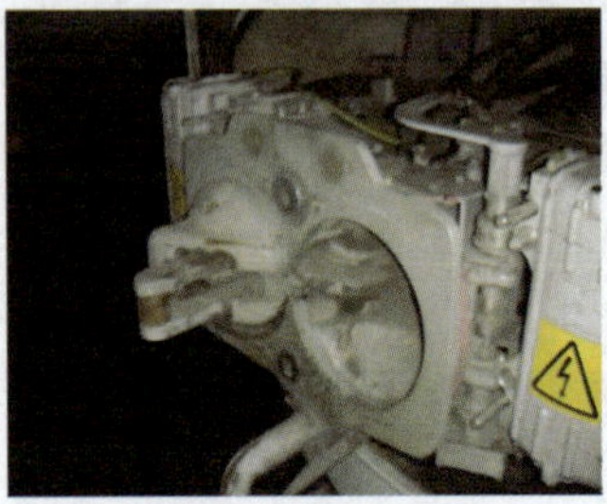

锁紧装置探出

手动复位后锁紧装置状态

(7)司机以1~2 km/h速度进行联挂。

(8)②号机械师在被控车联挂端通过TD屏确认联挂状态,并向①号机械师报告:"被控车显示联挂状态良好",①号机械师回答:"被控车显示联挂状态良好,①号机械师明白"。

(9)①号机械师确认自动车钩(指示器处于联挂位置)、电气车钩联挂状态良好。向司机报告:"联挂状态正常",司机回答:"联挂状态正常,司机明白"。

(10)司机在主控车联挂端通过TD屏确认联挂及停放制动状态,司机呼叫①号机械师:"停放制动已施加,主控车联挂显示正常",①号机械师回答:"联挂显示正常,①号机械师明白"。

(11)①号、②号机械师分别锁闭各检查门,确认状态良好,重联作业结束。

3. 动车组自动摘解操作

(1)司机确定主控车车号,确认主控车前进方向有5m以上安全距离，并通知①号机械师："××车为主控车，是否可以进行摘解作业"。

（2）②号机械师在被控车摘解端司机室监控 TD 屏，①号机械师在摘解端车下确认状态，准备就绪后回答："可以进行摘解作业"，司机回复："可以进行摘解作业，司机明白"，司机将动车组置于换端模式。

（3）司机到主控车摘解端将主控钥匙插入解钩钥匙孔，旋转至 1 位，司机确认 TD 屏显示本组动车组状态后，向①号机械师报告："主控车显示本组动车组状态"，①号机械师回答："主控车显示本组动车组状态，①号机械师明白"。

（4）②号机械师在被控车摘解端司机室确认本组车状态，并向①号机械师报告："被控车显示本组动车组状态"，①号机械师回答："被控车显示本组动车组状态，①号机械师明白"。

（5）①号机械师在车下确认电气车钩分解状态良好后，通知司机："①号机械师报告，具备摘解作业条件，可以进行摘解作业"，司机回答："可以摘解作业，司机明白"。

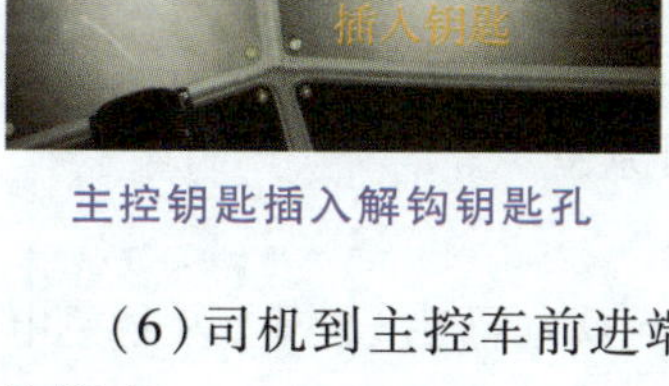

主控钥匙插入解钩钥匙孔

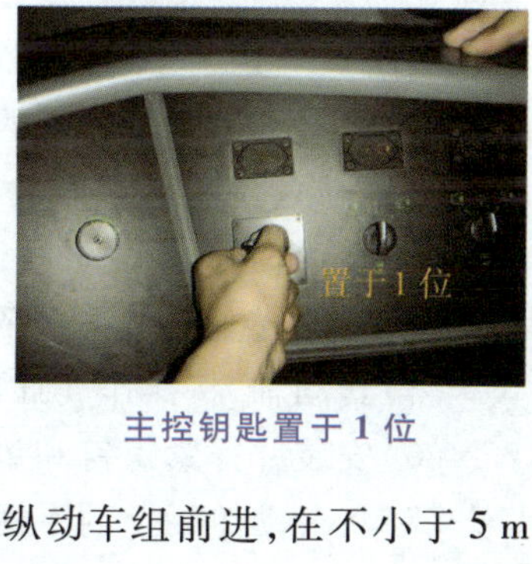

主控钥匙置于 1 位

（6）司机到主控车前进端操纵动车组前进，在不小于 5 m 处停车。

（7）①号、②号机械师分别将主控车、被控车的 Z05、Z06 塞门关闭，锁闭各检查门，确认状态良好。

（8）司机分别关闭主控车、被控车头罩，摘解作业结束。

4. 重联过程注意事项

（1）Z05、Z06、Z10 及电气车钩的气路开关必须打开。

（2）升弓原则必须按照“前前弓，后后弓”的原则进行升弓。

（3）如果需要重联操作后动车组保持高压不断电，需要被控车进入换端模式。

（4）如果需要摘解操作后动车组保持高压不断电，需要重联动车组进入换端模式。

（5）如果在摘解时只有一列动车组有蓄电池供电，则可以在该动车组上进行摘解操作。

（6）如果两列动车组均没有蓄电池供电，则自动摘解操作不能进行，需要进行手动解编。

（7）在重联之前一定要确定机械车钩的状态，如果锁紧装置探出，需要手动将锁紧装置恢复原位，否则会损坏机械车钩。

5. 电气车钩的手动摘解操作（见下图）

（1）将气动单元上的手柄转至 OFF（关闭）位置。

（2）拆除螺钉和垫圈。

（3）转动轴，操作气缸缩回，将相啮合的电气车钩分开。

（4）将电气车钩手动推至其完全缩回位置。

（5）转动轴，将操作气缸移回原位。

（6）安装并拧紧螺钉和垫圈。

（7）将气动单元上的手柄转至 ON（开启）位置，为避免电气车钩立即伸出，应从司机室给出一个解钩指令，以使气动系统复位。

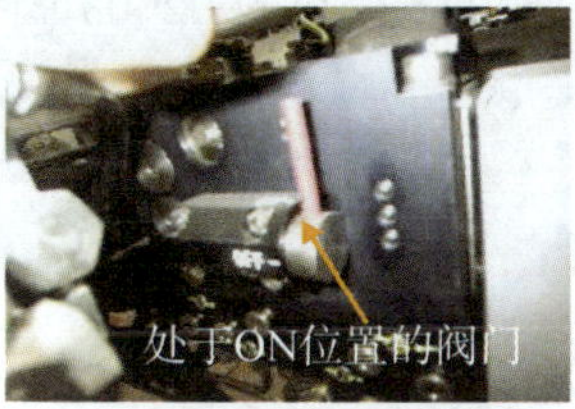

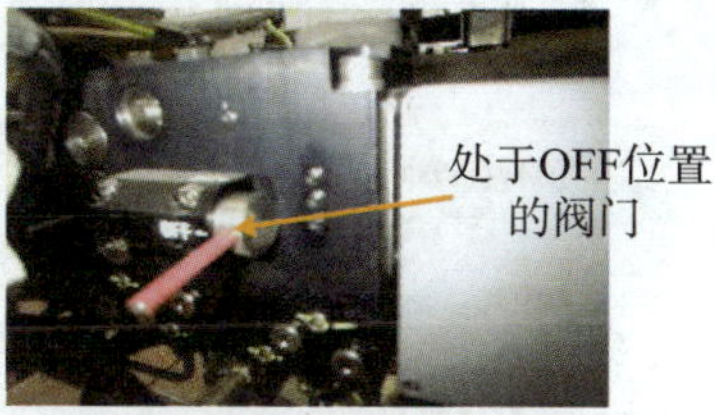

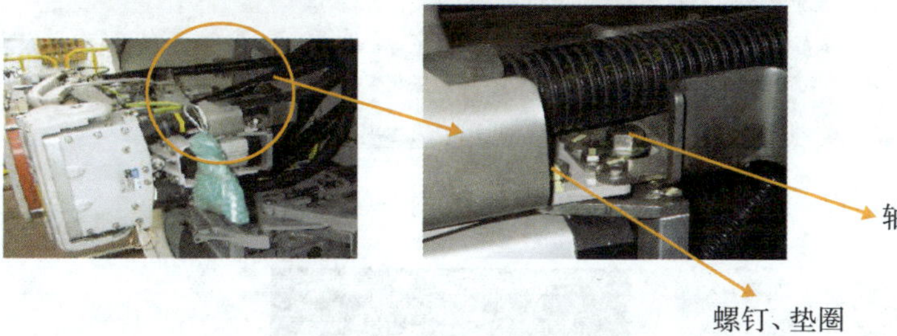

6. 电气车钩解钩后，进行机械车钩的手动解钩

(1)确认电气车钩已经正确解钩。

(2)①号、②号机械师分别拉动 2 个机械车钩侧面的红色手动解钩手柄。

(3)检查指示器，以确认解钩机构的位置。

(4)使车辆退行，以便解钩。

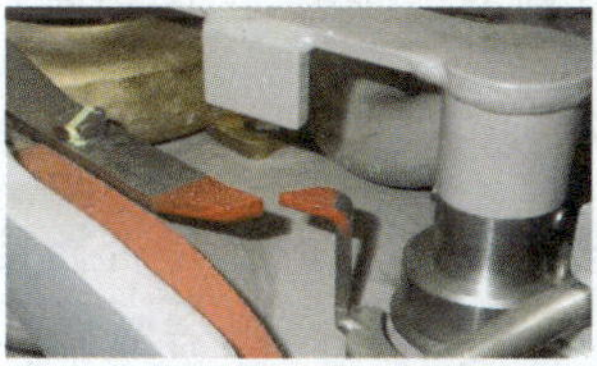

指示器显示车钩处于联挂位置

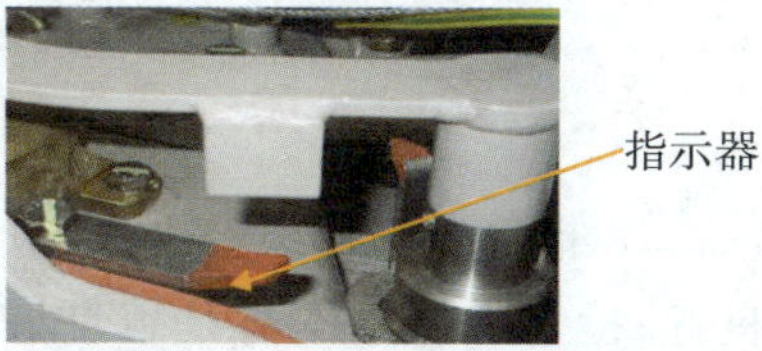

指示器显示车钩处于解钩位置

五、制动关门车操作方法

1. 打开故障车制动单元裙板，关闭 B22 模块内 02、03 阀

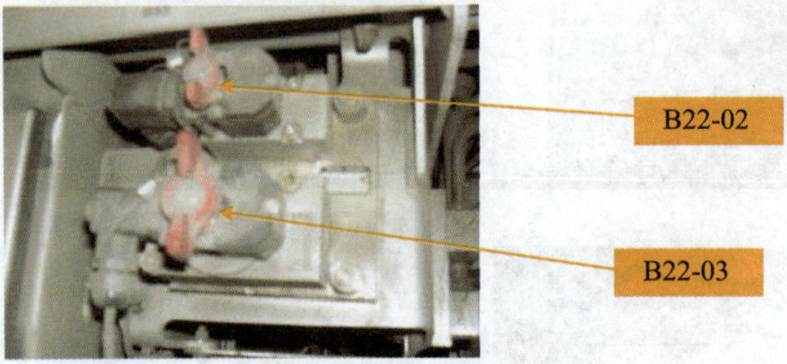

2. 打开 BCU 盖，关闭 H01 内 07 阀。

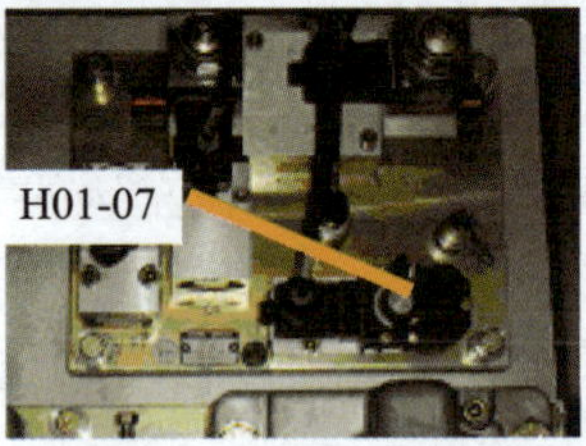

3. 手动缓解停放制动（位置在 2、7 位轴箱上方），打开安全锁扣，用力向外拉红色释放手柄，手柄拉出约 15 ~ 20 mm，同时能够感觉到弹簧释放，确认停放制动已缓解，操作结束。

六、乘客门关闭过程中常见故障处理方法

1. 报警蜂鸣器不发出声音，检查蜂鸣器电源线是否插接良好；检查蜂鸣器本身是否良好损坏者更换；蜂鸣器故障不影响车门正常开关。

2. 当关门信号给出（司机或操作人员）门没有关闭，首先

检查 S5 主开关是否正常，再检查传动机构是否有卡滞现象，最后再检查门电机及电源。

3. 门关闭后空气压力锁不起作用，查压力截止塞门是否打开；检查总风源阀门是否打开；检查风管路是否有严重漏泄；检查 S10 电磁阀是否正常。

4. 门关闭以后“空气压力锁”出现连续的压紧和解锁故障的处理方法

将压力截断塞门关断后再重新打开，或用三角钥匙操作紧急开门锁（不拉动机械手柄）并直接复位，如果故障未消失，可关断压力阀门对车门进行隔离后正常开车，但此时保证不了门的密封性。

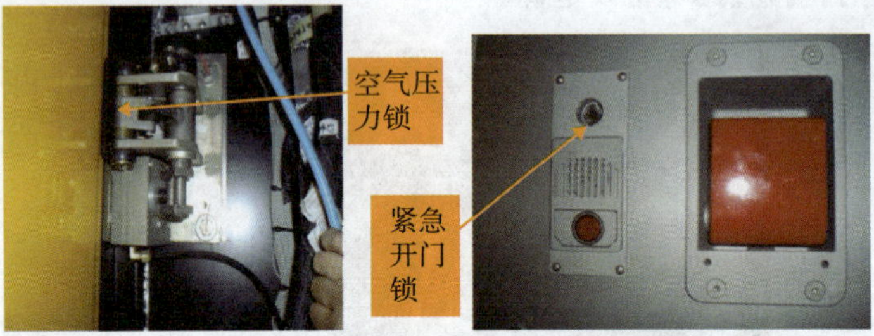

5. 乘客门关闭以后密封不严。①检查乘客门上下“空气压力锁”是否在正常位置锁闭，是否存在提前锁闭现象，如果存在可将车门打开后重新关闭。②检查门与框的密封胶条是否完好。③开车后检查发现“空气压力锁”提前锁闭现象，在车门关闭方向与列车运行方向相同时，可将压力截断塞门关闭后用铁器将“空气压力锁”撬置正常位后打开压力截断塞门，恢复车门状态。如果车门关闭方向与列车运行方向相反时，对车门进行隔离，待停车后处理。

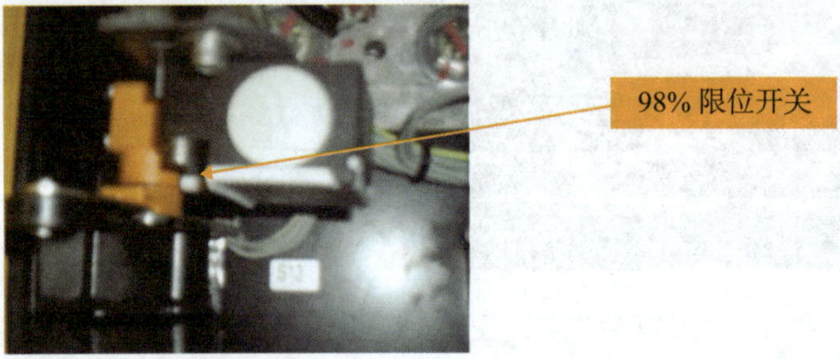

6. 车门关闭后出现反复开关现象。①检查车门防挤压敏感边条或98%限位开关是否工作正常。②用三角钥匙操作紧急开门锁（不拉动机械受柄）并直接复位。③打开控制面板把主开关 S5 关断后再打开。④如果以上方法均不能排除故障时，可把 S5 开关关断，手动关闭车门并隔离。

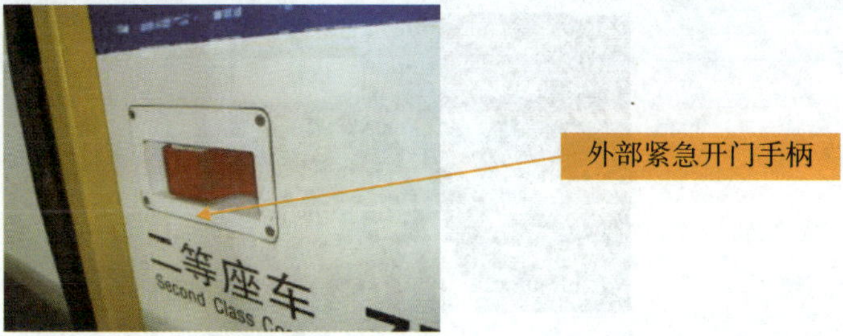

7. 在关门时，如果车门电源及信号都正常，但车门不动作时，应检查车门外部紧急开门手柄（可能被开启未归位）。

七、动车组需机车救援的操作方法

（一）有电救援（短时间运行，蓄电池容量足够）

1. 将 ATP 紧急制动隔离开关转至隔离位，LKJ 转至隔离位。

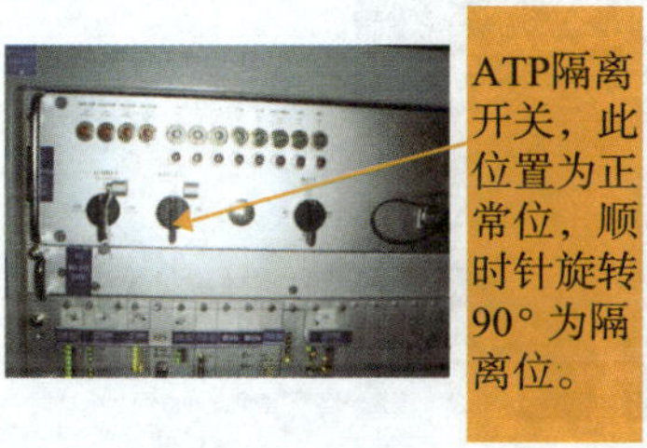

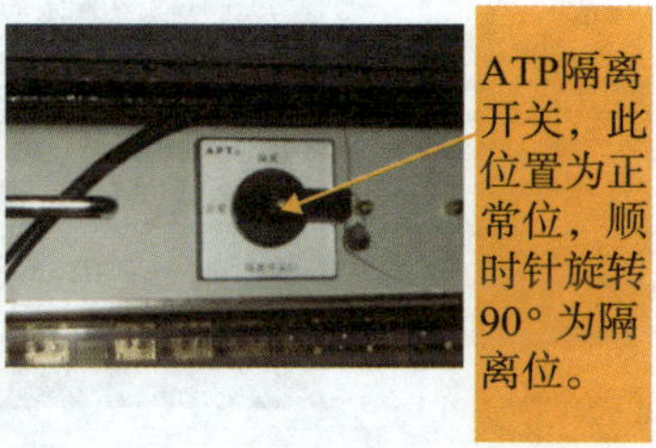

2. 在车上旋转开闭头罩开关打开准备联挂救援机车端头罩，电动打不开时可采用手动方法打开，步骤如下：

（1）打开头车左侧砂箱盖板，关闭 Z18/1 阀，关闭开闭头罩风源。

(2)打开左侧或右侧手动开闭头罩箱盖板,打开开闭头罩箱内排风阀,待风排空后,向下压手动开头罩手柄并锁定。

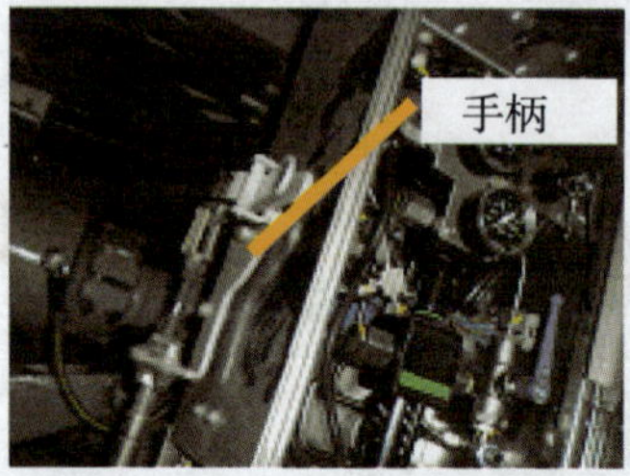

(3)人工将头罩向内推进,用手用力拉开头罩,再向内推动头罩达到锁紧位置,然后恢复手柄状态,将排风阀关闭,打开 Z18/1 阀。

3. 打开头车左侧砂箱盖板,打开 Z30 阀(使列车管与总风管相贯通),正常状态手柄与管路垂直,打开后 Z30 阀手柄应与管路平行;

4. 打开过渡车钩箱,取出过渡车钩进行安装,首先将车钩安装在救援机车车钩上,然后与动车连挂,连挂时注意车钩对位。

5. 联挂完毕后检查车钩联挂状态是否良好(检查车钩指示器状态,左图为联挂良好,右图为分解良好),良好后通知司机进行试拉工作。

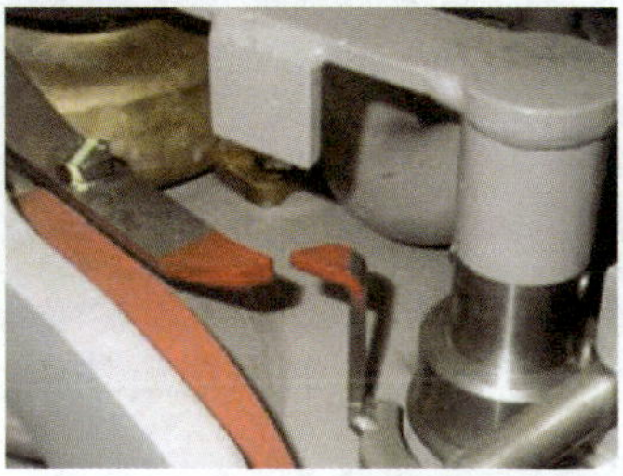

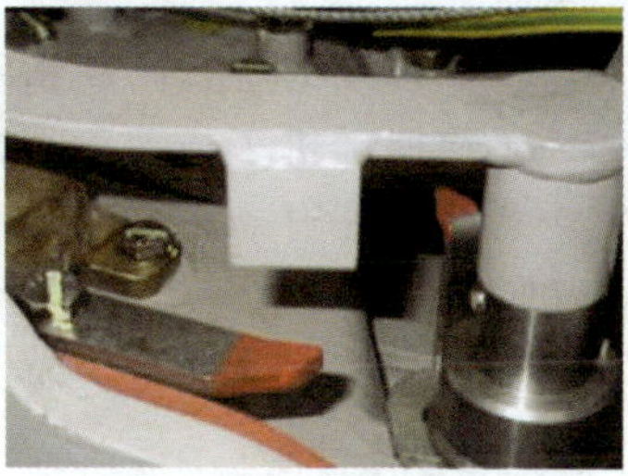

6. 试拉结束后，随车机械师一手扶机车列车风管，另一手轻微打开机车折角塞门进行吹尘、排水，然后进行连接操作（先将过渡车钩风管与机车风管连接，然后再与过渡车钩“快接口”连接）。

7. 列车管连接后，首先打开头车右侧砂箱盖板，打开Z06阀（正常位置为阀手柄与阀体垂直，打开后手柄与阀体平行），然后打开机车折角塞门，确认列车管连接状态良好。

8. 动车组司机缓解停放制动。

9. 操作完毕后，利用救援机车进行制动试验，检查各车制动缓解状态，正常后开车。

10. 救援完毕操作步骤

(1)动车组司机对列车施加停放制动,关闭机车折角塞门。

(2)打开头车右侧砂箱盖板,关闭Z06阀。

(3)摘开机车与动车间风管(从连接器处分解)。

(4)拉开自动车钩手动解钩拉手,由车站值班员指挥救援机车摘钩。

(5)从机车上卸下过渡车钩,放置在过渡车钩存放箱内,做好固定。

(6)电动或手动关闭头罩。

(7)将Z30阀恢复正常位置。

(8)各裙板关闭并锁紧。

11. 被救援时司机操作注意事项

(1)将ATP、LKJ隔离。

(2)确认主控钥匙"1"位,主指令开关"1"位,主手柄、方向手柄"0"位,备用制动手柄"中立"位。

(3)配合机车司机进行制动系统试验。

(4)联挂机车前施加停放制动,防止列车溜逸。

(5)观察列车管的压力变化,随时与救援司机联系。

(二)无电救援

1. 关闭ATP、LKJ电源,关闭列车负载。

2. 在车上旋转开闭头罩开关打开准备联挂救援机车端头罩,电动打不开时可采用手动方法打开,步骤如下:

(1)打开头车左侧砂箱盖板,关闭Z18/1阀,关闭开闭头罩风源。

(2)打开左侧或右侧手动开闭头罩箱盖板,打开开闭头罩箱内排风阀,待风排空后,向下压手动开头罩手柄并锁定。

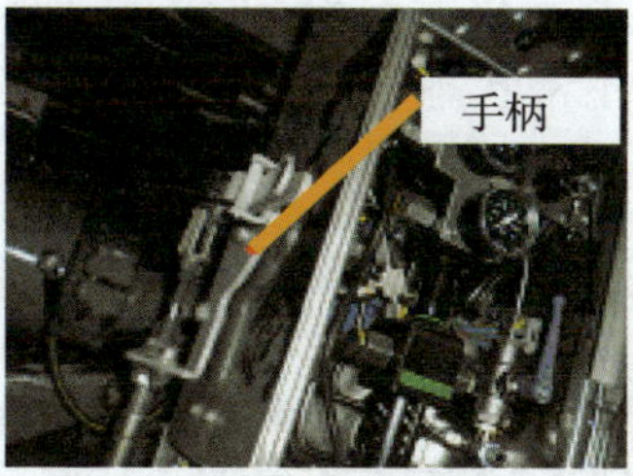

(3)人工将头罩向内推进,用手用力拉开头罩,再向内推动头罩达到锁紧位置,然后恢复手柄状态,将排风阀关闭,打开Z18/1阀。打开左侧或右侧手动开闭头罩箱盖板,打开开闭头罩箱内排风阀,待风排空后,向下压手动开头罩手柄并锁定。

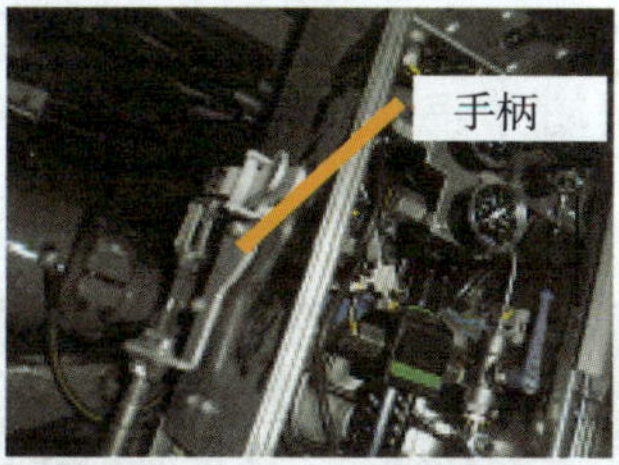

3. 打开头车左侧砂箱盖板,打开Z30阀(使列车管与总风管相贯通),正常状态手柄与管路垂直,打开后Z30阀手柄应与管路平行。

4. 打开各车制动单元裙板，关闭 B22 模块内 02 阀（隔离直通电空制动），正常状态为阀手柄横向位置，关闭后为垂向位置。

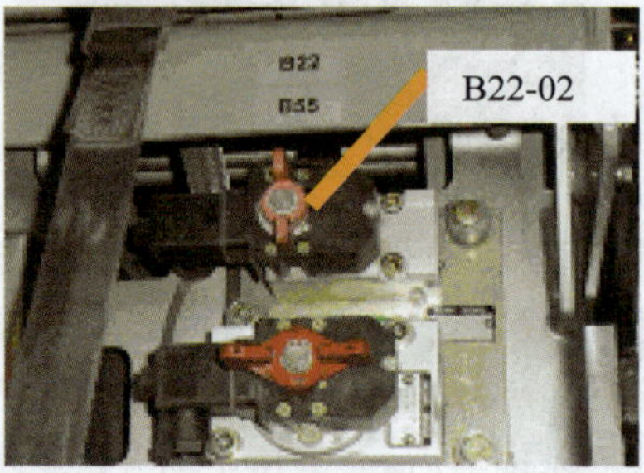

5. 打开制动单元内 B02 箱盖，关闭停放制动系统 H01 内 07 阀（隔离停放制动），正常状态为阀手柄横向位置，关闭后为垂向位置。

6. 打开过渡车钩箱，取出过渡车钩进行安装，首先将车钩安装在救援机车车钩上，然后与动车联挂，联挂时注意车钩对位。

7. 联挂完毕后检查车钩联挂状态是否良好（检查车钩指示器状态左图为联挂良好，右图为分解良好），良好后通知司机进行试拉工作。

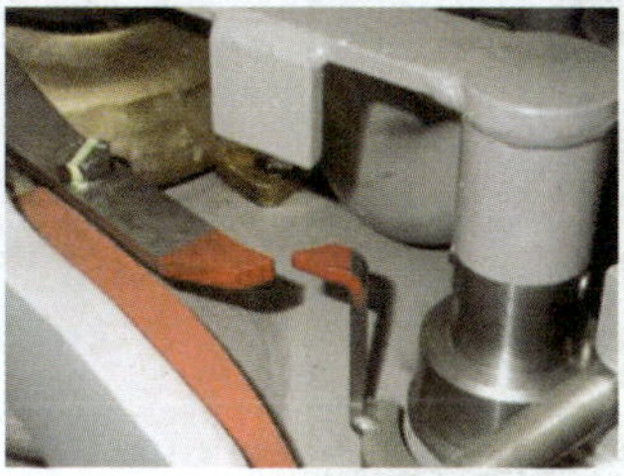

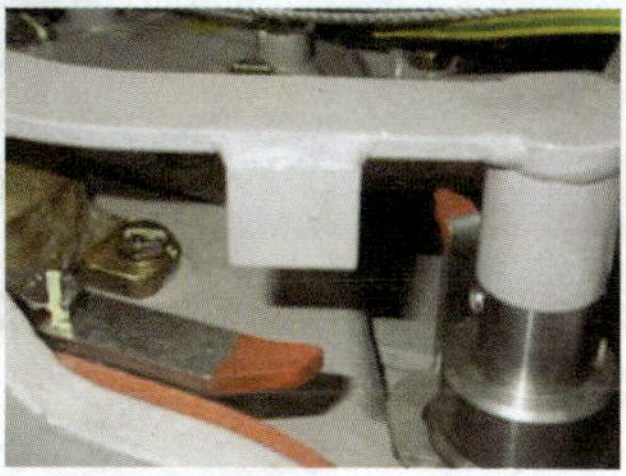

8. 试拉良好后,随车机械师一手扶机车列车风管,另一手轻微打开机车折角塞门进行吹尘、排水,然后进行连接操作(先将过渡车钩风管与机车风管连接,然后再与过渡车钩"快接口"连接)。

9. 列车管连接后,首先打开头车右侧砂箱盖板,打开Z06阀(正常位置为阀手柄与阀体垂直,打开后手柄与阀体平行),然后打开机车折角塞门,确认列车管连接状态良好。

10. 手动缓解各车停放制动(位置在2、7位轴箱上方),打开安全锁扣,用力向外拉红色释放手柄,手柄拉出约15~20mm,同时能够感觉到弹簧释放。

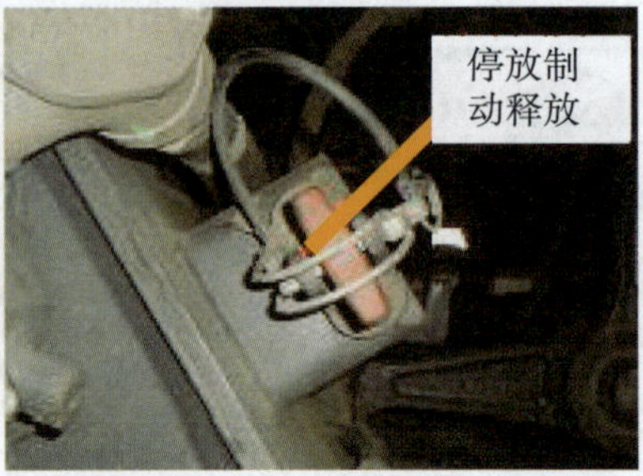

11. 将两端头车右侧砂箱盖板内的 N02 阀放至关闭位，正常位手柄位置为偏左 45°角，关闭时将红色手柄逆时针扳动 90°。

12. 操作完毕后，利用救援机车进行制动试验，检查各车制动缓解状态，正常后开车。

13. 救援完毕操作步骤

（1）关闭机车折角塞门。

（2）打开头车右侧砂箱盖板，关闭 Z06 阀。

（3）摘开机车与动车间风管（从连接器处分解）。

（4）拉开自动车钩手动解钩拉手，由车站值班员指挥救援机车摘钩。

(5)从机车上卸下过渡车钩,放置在过渡车钩存放箱内,做好固定。

(6)手动关闭头罩。

(7)将 Z30、B22.02、H01.07、N02 阀恢复正常位置。

(8)各车裙板关闭并锁紧。

14. 被救援时司机操作注意事项

(1)确认主控钥匙"1"位,主指令开关"1"位,主手柄、方向手柄"0"位,备用制动手柄"中立"位。

(2)配合机车司机进行制动系统试验。

(3)联挂机车前施加停放制动,防止列车溜逸。

第二节 故障处理

一、受电弓不能正常升起

故障现象:受电弓不能正常升起。

故障原因:1. 风压不足;2. 线路故障;3. 网络通信不良;4. 蓄电池电压不足;5. 受电弓切除;6. 网络故障没有复位;7. 受电弓损坏;8. 受电弓碳滑板损坏(自动降弓装置 ADD 动作)。

应急处理:

1. 司机更换另一受电弓,继续运行。

2. 若两弓均无法升起时,进行小复位操作。

3. 若故障仍未消除,停车进行大复位(RESET)、断合蓄电池、断合全列车空气开关操作。

4. 若故障仍未消除,按规定请求救援。

案 例:CRH5－004动车组担当D1次,9:00开始全列电制动时有时无。9:09秦皇岛出站过分相后主断未闭合,小复位后改升前弓(3车)主断闭合正常,1,2,4车无牵引,小复位后升后弓(6车),受电弓未升起,再改升前弓(3车)牵引恢复正常。进库后登顶检查发现6车受电弓1位碳滑板碳条与铝合金结合处开胶裂缝,更换碳滑板后正常。

二、主断路器(DJ)不闭合

故障现象:主断路器(DJ)不闭合。

故障原因:1. 线路故障;2. 网络通信不良;3. 高压、牵引或辅助系统过流保护;4. 网压不正常;5. 硬件故障;6. 主变压器隔离;7. 控制电压低;8. 内部进入冷凝水,绝缘性降低,高压短路。

应急处理:

1. 降下工作受电弓,确认网压为零后,等待10 s。

2. 重新升起该受电弓，网压上升并稳定10 s后，闭合主断路器。

3. 若仍合不上，降下该受电弓，确认网压为零后，等待10 s。

4. 升起另一受电弓，网压上升并稳定10 s后，闭合主断路器。

5. 若仍合不上，降下该受电弓，进行小复位操作。

6. 若仍合不上，停车进行大复位(RESET)、断合蓄电池、断合全列车空气开关操作。

7. 若仍合不上，按规定请求救援。

案　例：CRH5－004动车组担当D11次，到沈阳北站后司机换端，主断合不上，经小复位无效，进行大复位(RESET)，故障消除，D12次于20:01开车，晚点1 h31 min。开车后20:05运行中主断合不上，20:14停于皇姑屯站，关闭全列照明断合空开操作后，升弓合主断故障消除。

三、主断路器1(DJ1)不闭合

故障现象：主断路器1(DJ1)不能闭合。

故障原因：1. 线路故障；2. 网络通信不良；3. 高压、牵引或辅助系统过流保护；4. 网压不正常；5. 硬件故障；6. 主变压器隔离；7. 控制电压低；8. 内部进入冷凝水，绝缘性降低，高压短路。

应急处理：

1. 进行小复位操作。

2. 当 DJ1 的状态显示为空方框时(DJ1 断开),司机通知随车机械师 DJ1 断开,需进行复位操作。随车机械师迅速到 5 号车电器柜,断开 27Q03 断路器开关,等待 10 s 后再次闭合,并通知司机复位完毕。

3. 司机接到随车机械师复位完毕的通知后,进行一次小复位。

4. 司机确认 DJ1 显示状态,如 DJ1 仍无法正常闭合,重复以上第 2、3 步操作后仍然无法正常闭合,则维持运行。待入库后检查处理。

换端时 DJ1 合不上的操作办法:

(1)换端后,司机将主控钥匙旋转至“1”位,将主指令开关拨至“1”位,确认诊断监控器 DJ1 的显示状态。

(2)当 DJ1 的状态显示为空方框(DJ1 断开),司机通知随车机械师 DJ1 没有合上,需进行复位操作。随车机械师迅速到 5 号车电器柜,断开 27Q03 断路器开关,等待 10 s 后再次闭合,并通知司机复位完毕。

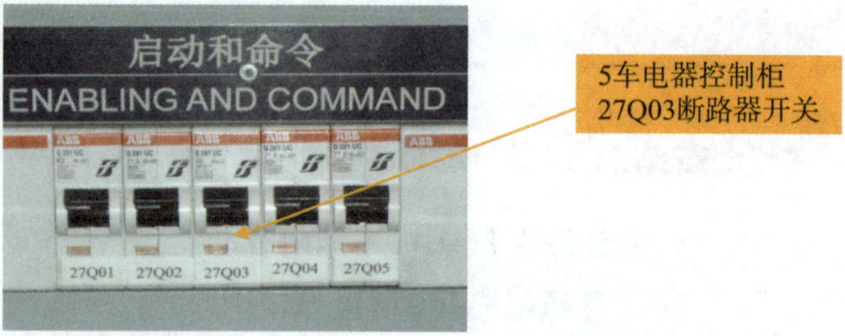

(3)司机接到随车机械师复位完毕通知后,进行小复位。

(4)司机确认 DJ1 显示状态,如 DJ1 仍无法正常闭合,重复以上第 2,3 步操作后仍然无法正常闭合,则维持运行。

案例 1：CRH5－011 动车组担当 D1 次，6:35 出库 8 车牵引及辅助切除，牵引及辅助均 80%。10:17 列车运行至盘锦北—台安间过分相后，6 车受电弓（后弓）检测不到网压，DJ1 断开，换 3 车受电弓，DJ1 仍不闭合，同时 4，7 车牵引及辅助显示故障，2 次小复位未成功，手动将 7 车牵引、辅助切除，小复位后 1，2，4 车牵引、辅助正常，DJ1 仍未闭合。维持运行到沈阳北站后，升 6 车受电弓试验，受电弓无法升起，然后将 6 车控制柜 27Q02，27Q03，27Q04，27Q05，27Q07，27Q08，27Q09，27Q10，27Q11 空气开关断开，1 min 后合上断开的空气开关，小复位后 DJ1 仍不闭合，大复位（RESET）后 DJ1 闭合，升 3 车受电弓正常，主断闭合后又跳开。再次小复位后升 3，6 车受电弓正常，主断闭合正常。

案例 2：CRH5－010 动车组担当 D12 次，21:07 运行至张家庄—昌黎间 251 km＋37 m 处时，随车机械师发现 5 车 2 位通过台上方一声巨响，冒出蓝光，并伴有白色烟雾和异味，经检查为 5 车 DJ1 响炮。通知司机断主断降弓，改升 3 车弓，闭合后发现网压为零。小复位未成功，滑行至石门站内停车，再次做大、小复位后，确认动车组状态正常，21:32司机升 6 车弓合主断，5 车 DJ1 再次响炮，同样冒蓝光并伴有白色烟雾和异味，受电弓自动降下，造成供电所跳闸，石门站通知不允许再升弓，21:40 请求救援。入库确认 DJ1 烧损。

案例3：CRH5－012动车组担当D1次，10:23运行至562 km＋600 m处DJ1跳开，10:36小复位后合主断DJ1再次跳开，动调指示降弓滑行至前方车站。10:53台安站停车，做大复位（RESET），升3车弓合主断同时DJ1放炮，不能运行，请求救援。入库后确认DJ1烧损。

四、主变压器隔离

故障现象：诊断监控器显示主变压器隔离。

故障原因：1. 冷却液液位低；2. 压力释放阀动作；3. 冷却系统故障；4. 二次侧输出短路；5. 温度传感器数值不一致；6. 油流继电器故障；7. 电流互感器差值保护；8. 变压器油温高；9. 高压接触器故障；10. 集成仪表箱故障；11. 网络系统故障；12. DJ1没有闭合。

应急处理：

1. 若6车变压器隔离，可暂不进行处理，使用三个动力维持运行到终点站；

2. 若3车变压器隔离，视具体情况决定进行小复位和大复位（RESET）操作。

案　例1：CRH5－014动车组库内检修时发现，6车主变压器故障，导致7,8车牵引、辅助变流器故障。确认故障原因为CLT软件不正确。

案　例2：CRH5－001动车组担当D25次，7:20北京站开车，五个牵引，四个辅助，其中1车辅助切除。9:28运行至306公里处，主断跳开，同时自动开始空载测试，测试后DJ1不闭合，经小复位后正常。该故障现象在9:34，9:38，9:57，10:10重复发生，均采用小复位恢复。10:27葫芦岛北站停车进行大复位（RESET）操作，11时葫芦岛北站开车后，上述现象仍然存在。11:27在锦州南站停车进行断合空开操作。沈阳北站到后，对3车和6车变压器散热器进行了清理。直至运行至哈尔滨站终到，上述故障现象仍不断发生。入库后进行全面检查，发现6车牵引变压器的油位传感器的连接插针损坏，对该连接插针进行了短接处理，同时发现6车高压箱内CLT模块中的配置软件丢失，更新该模块中的软件，并更换2车中的整流和逆变模块后正常。

案例3：CRH5－004动车组担当D24次，7:43 7车牵引离线，8:10 3车主断跳开、DJ1跳，6车主变压器切除，7、8车牵引、辅助切除，1、2、4车牵引、辅助正常，8:27过分相小复位后恢复正常，8:28 3车主断跳，DJ1断开，6车主变压器再次切除，7、8车牵引、辅助切除，1、2、4车牵引、辅助正常，9:22到达沈阳北站后做大复位（RESET），故障仍未消除，7、8车牵引、辅助未恢复，10:22过分相后显示3车主变压器切除，1、2、4车牵引、辅助切除，全列无牵引，10:24小复位后未恢复，10:32列车停于盘锦北站内，停车做大复位（RESET）。3车主变压器恢复，1、2、4车牵引、辅助变流器正常，牵引、辅助均为60%。14:14到达北京站，入库后技术人员检查确认：因六车主变压器上全部是雪,冷却油在低温下流动性差,导致两个油泵不能正常工作,造成6车变压器切除,7、8车牵引、辅助丢失。经检查发现6车底板有缝,雪从下部进入设备仓内,将底板卸下并重新安装,雪融化后重新试验变压器恢复正常。

五、牵引力丢失

故障现象:列车没有牵引力或者只有最小牵引力(约10 kN)。

故障原因:1. 司机台RIOM模块插头松动,TCU接收不到主手柄输出信号;2. 牵引变流器故障;3. 主手柄未在牵引位;4. 主手柄损坏;5. 恒速手柄设定速度很低;6. 警惕装置动作;7. 网络故障。

应急处理:

1. 检查制动是否施加,若施加则使其缓解。

2. 取消恒速手柄设定值。

3. 检查警惕装置。

4. 小复位,如无效进行大复位(RESET)、断合蓄电池复位、断合空开复位。

5. 如发现RIOM插头松动,进行紧固。

6. 如开关位置不正确,复位开关。

7. 如上述办法无效,按规定请求救援。

案例1:CRH5-012动车组担当的D1、D2、D23次全天运行情况较好,始终保持动力辅助百分之百运行。入库后检修人员用软件下载故障信息亦无异常记录。19日早1:50升弓供电进行牵引制动性能试验,发现全车无牵引力。随即进行小复位、大复位(RESET)、断合蓄电池复位、断合空开复位,故障仍未消除。2:30 换端到 8 车进行试验,仍然全列无牵引力。2:42 经反复试验后全车牵引力恢复。2:56 再次试验时,全列仍无牵引力。技术人员经过检查牵引手柄接线、RIOM 模块、TCMS、MPU、BCU、外部门系统、自动过分相装置等均未发现故障点。至 5:50 检查发现 1 车司机室 QCA 柜内警惕装置输入输出模块接线插 21A01X10 接触不良(无固定螺栓),该接线插串接于安全回路中,若其断掉则不允许施加牵引。处理完毕后正常。

案例 2:CRH5 - 011 动车组担当 D1 次,5:30 出库一度停车等待出库信号,5:50 信号开放后发现没有牵引力,但诊断监控器显示牵引正常。小复位后没有恢复,(RESET)后仍没有恢复,进行全列断合空开复位仍无效,回库刷新网络软件后正常。

案例 3:CRH5 - 016 动车组担当 D5 次,11:30 运行至秦皇岛—山海关间 308 km + 500 m 处主断跳,手动闭合后,辅变工作正常。给牵引力后,牵引全部离线,力矩表显示为 0 kN。换 6 车弓并小复位后,牵引全部恢复。11:41给牵引力时,全车牵引再次全部离线,力矩表显示 0 kN,11:42 小复位,牵引全部恢复。

六、两主空压机不泵风

故障现象：两主空压机不泵风。

故障原因：1. 网络故障；2. 主空压机电机烧损；3. 压力开关故障；4. 接触器烧损。

应急处理：

1. 司机闭合手动泵风开关。

2. 仍不泵风时，通知随车机械师。

3. 随车机械师将 3、6 号车配电盘内 32Q01 空气开关断开 10 s 后再闭合，通知司机。

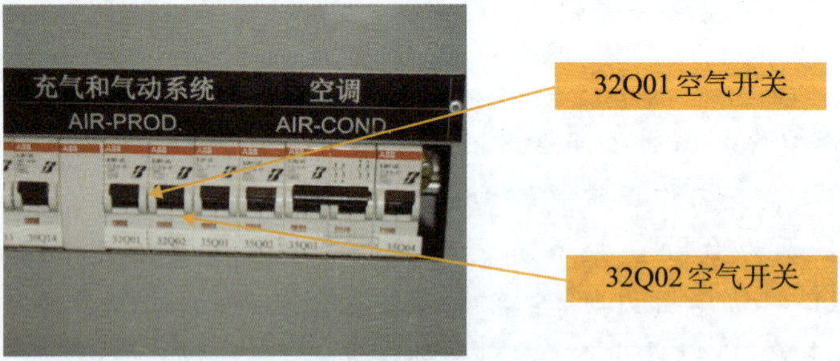

4. 仍不泵风时，司机进行小复位操作。

5. 仍不泵风时，司机停车进行大复位（RESET）、断合蓄电池、断合全列车空气开关操作。

6. 若故障仍未消除，确认两主空压机故障，按规定请求救援。

七、主空压机泵风不止

故障现象：一个（或两个）主空压机泵风不止。

故障原因：1. 网络故障；2. 压力开关故障；3. 接触器烧损。

应急处理：

1. 司机通知随车机械师×号车主空压机泵风不止。

2. 随车机械师关闭×号车配电盘内32Q01空气开关，通知司机。

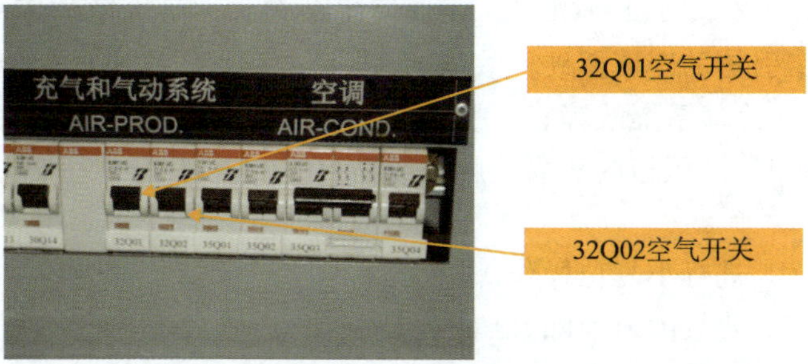

3. 司机应密切关注总风压力，如压力低于850 kPa时，用手持电台通知随车机械师闭合空压机空气开关，总风压力达到1 000 kPa时，司机应通知随车机械师断开空压机空气开关。

4. 维持运行至前方站,停车进行大复位(RESET)、断合蓄电池、断合全列车空气开关操作。

八、牵引或辅助变流器3个及其以上无法正常工作

故障现象:牵引或辅助变流器3个及其以上无法正常工作。

故障原因:1. TCU或ACU误报故障;2. 网络通信不良;3. 牵引辅助变流器硬件故障;4. 线路故障;5. 集成仪表箱故障;6. 冷却系统故障;7. 中压接地;8. 牵引电机及冷却系统故障;9. 高压箱内隔离接触器故障;10. 网压不正常。

应急处理:

1. 进行小复位操作。

2. 若故障未消除,维持运行至前方站,停车进行大复位(RESET)操作。

3. 若故障仍未消除,则保持停车状态进行断合蓄电池操作。

4. 断合蓄电池操作2次后仍无法消除故障,可断合全列车电器柜空气开关操作。

5. 以上操作后若牵引变流器全部无法正常工作则请求

救援。

6. 辅助变流器3个及以上无法工作，随车机械师采取减载措施，尽量维持运行。

案　例：CRH5－004动车组担当D24次，10:59运行至葫芦岛北—绥中北间，2车辅变突显故障，随后1车、4车、7车也相继故障，DJ1跳，手动切除2车牵引及辅变，小复位，DJ1闭合后又断开。手动将5车27Q03断开，3车17Q10，17Q11断开，4车17Q15，17Q16断开，小复位，7，8车牵引、辅变正常工作，牵引、辅助均为40%，维持运行。由于只有2个辅变工作，为使全列空调能正常使用，采用手动扩展，将1、4车辅变切除，全列空调只有2车不工作，其余正常。入库后更换牵引模块。

九、单车出现动力丢失或辅助变流器故障

故障现象：单车牵引或辅助变流器无法正常工作

故障原因：1. TCU或ACU误报故障；2. 网络通信不良；3. 牵引辅助变流器硬件故障；4. 线路故障；5. 集成仪表箱故障；6. 冷却系统故障；7. 中压接地；8. 牵引电机及冷却系统故障；9. 高压箱内隔离接触器故障；10. 网压不正常。

应急处理：

1. 单车动力丢失故障处理

在列车进入分相区前司机将受电弓降下，随车机械师将该车26Q02，26Q03，26Q04（MC1，MC2车为26Q04，26Q05，26Q06）TCU牵引控制模块电源开关断开，10s后恢复，司机过分相后升弓合主断可以恢复动力。

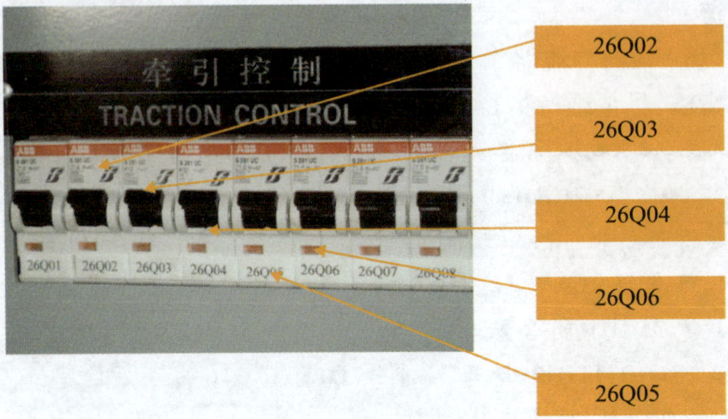

2. 单车辅助变流器故障处理

在列车进入分相区前司机将受电弓降下，随车机械师将该车 17Q08 辅助控制模块电源开关断开，10 s 后恢复，司机通过小复位后可以恢复辅变。若辅变影响牵引系统时，可将 17Q08 空气开关断开，切除单车辅变。

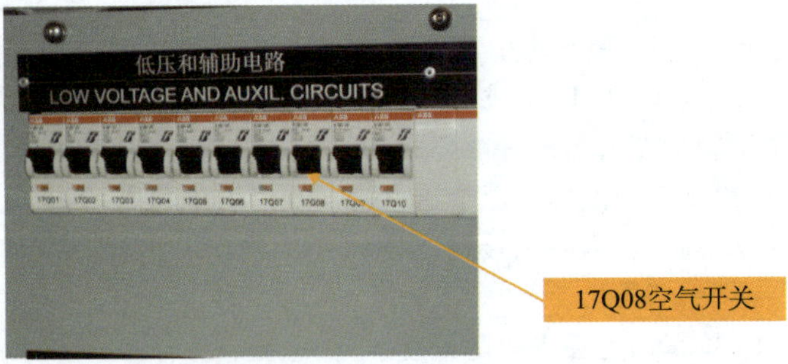

十、全列不缓解

故障现象：整列车制动不缓解。

故障原因：1. 制动 WTB 网络线不通；2. 总风压力不足；

3. 1 车或 8 车主 BCU 故障;4. ATP 引起安全环路故障;5. 警惕装置引起;6. 停放制动压力开关引起;7. 列车管压力下降引起;8. 制动安全环路故障。

应急处理:

1. 查看司机室内制动缸压力表,如动轴制动缸压力为 460 kPa 左右,则为紧急制动不缓解,此时查看:

(1)检查制动 WTB 网络线有无松动、虚接现象。

(2)检查风泵是否工作正常。

(3)检查制动安全环路。

(4)确认警惕装置开关位置。

(5)确认停放制动压力开关状态。

(6)检查列车管压力是否正常。

(7)若上述情况均正常,需进行复位处理。

(8)若仍不缓解,由随车机械师将各制动单元内 B22.02 阀、两端 N02 阀关闭。司机打开司机室左下方 D03 阀,开启备用制动,将备用制动手柄推至缓解位。缓解后,司机进行备用制动试验,确认正常。采用备用制动方式按规定限速运行。

(9)若仍不缓解,按规定请求救援。

2. 如动轴制动缸压力为 320 kPa 左右时,则检查:

保持制动是否施加,如施加需用主手柄进行缓解;如不能缓解,司机可进行 ATP 隔离试验,观察是否缓解,如仍不能缓解,则按全列紧急制动不缓解处理。

案　例:CRH5－001 动车组担当 D24 次,12:41 运行至玉田县站内,主控 8 车司机操纵台报警灯面板瞬间显示停放制动施加,随后全列产生紧急制动,不能缓解。

停车后，进行三次小复位，两次大复位（RESET）和两次ATP重启，ATP、LKJ隔离操作，备用制动缓解操作后，全列紧急制动仍然不能缓解。随后决定对8车下N02阀进行关闭操作，以缓解紧急制动。将8车下N02阀置于关闭位、QCA柜上制动空开全部复位一次，全列紧急制动缓解，但全列牵引和辅助显示故障，又经过两次大复位（RESET）后仍然无效。换端操作后，经过一次大复位（RESET），两次小复位后故障现象同8车相同。13:16请求救援。入库后对每辆车下的BCU进行检查，并记录故障代码。然后对整个车的BCU进行代码查询确认原因，一是可能由于停放制动缸的压力传感器采集不到压力信号，并将该信息反馈给BCU，BCU即认为停放制动软管断开，导致整个安全环路断开触发紧急制动；二是可能MB04B主板本身故障。更换MB04B主板和压力传感器后正常。

十一、单车不缓解

故障现象：单车出现不缓解现象。

故障原因：1. 预控制压力不能缓解；2. 网络通信故障；3. BCU故障；4. 压力开关故障。

应急处理：

1. 将不缓解车辆制动模块处的裙板打开；将制动模块的检查门打开，在右下角找到测试接口14。

2. 按下测试接口侧面的按钮，将测试接口的防尘堵弹出。

制动设备单元（B08B02B60）EP-BGE-110，正视图

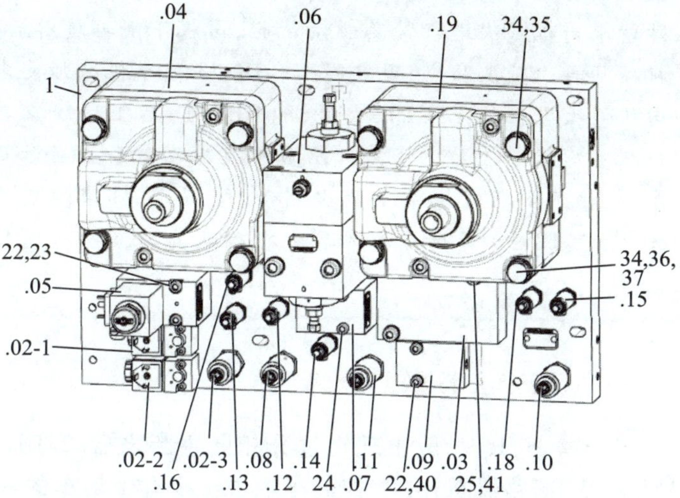

3. 用小的十字口螺丝刀插入，应有压缩空气排出，并将其排净。

4. 检查车辆状态，缓解后恢复检查门和裙板。

5. 随车机械师通知司机进行制动试验，如正常缓解则继续运行，若仍不能缓解，则切除故障车制动后运行。

案　例：CRH5－011 动车组担当 D23 次，17:20 北京站开车，牵引、辅助均为 100%。18:18 随车机械师在监控室 LT 屏上检查，发现 1，2，3，4 车制动缸压力均为 350 kPa，5，6，7，8 车显示正常，立即要求 D23 次司机停车。18:19 停车于 153 km＋73 m 处。停车后，随车机械师下车检查，要求司机缓解，司机缓解通知机械师确认状态，机

械师检查发现:5 车处于缓解状态,4 车依然抱闸。机械师请求司机再次进行紧急制动试验,司机下闸再缓解后,机械师再次确认状态,现象同上。18:23 随车机械师要求司机做大复位(RESET),大复位(RESET)后上述现象在司机室诊断监控器上消失,1,2,3,4 车制动缸压力显示正常,机械师要求司机做了两次制动、缓解后,机械师确认正常,于 18:30 开车。入库后分析确认为网络瞬时通信故障。

十二、KSAZ 接触器故障

故障现象:1. 一般出现在过分相断主断之后;2. DJ1 无法闭合;3. 断路器断开;4. 控制车辆中至少有 1 辆车的牵引辅变显示故障或隔离;5. 变压器显示隔离;6. 中压扩展不正常,总有一些车辆无法扩展到中压;7. 出现上述故障时,各种复位操作后 DJ 可闭合,DJ1 仍无法闭合,中压扩展不正确。

故障原因:过分相区之前,该接触器一直处于闭合位置,进入分相区后应断开,但由于粘连导致无法断开或断开速度慢,相应辅助触点无法及时产生相应动作,这时的反馈信号为接触器闭合,而 TCMS 从其他信号判断为接触器应该断开,即认为发生错误。从而认为该主变压器及控制上存在故障,隔离相应变压器。因为隔离主变压器的唯一方式为断开联络开关 DJ1,故 DJ1 断开。由于每个 KSAZ 故障至少导致 1 辆车牵引辅变无法得电,故已隔离的主变压器所控制车辆中至少有 1 辆车的牵引辅变显示故障或显示隔离。

应急处理:

1. 若判断为接触器故障且有必要进行恢复处理时必须

停车。断主断、降受电弓后至少 10 min，打开高压箱。

2. 通过接触器侧面的圆销位置判断是否粘连。

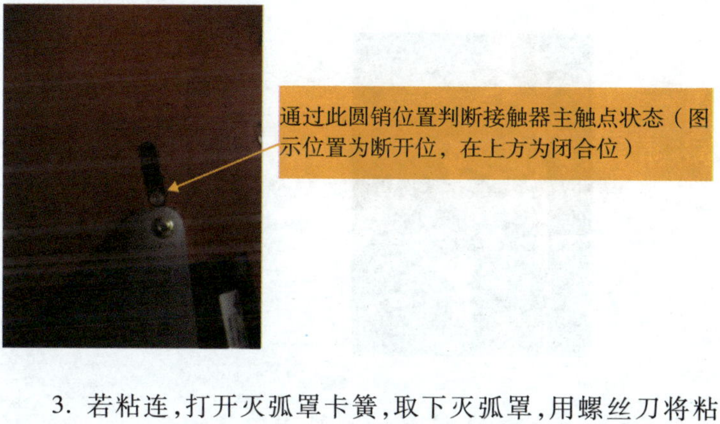

3. 若粘连，打开灭弧罩卡簧，取下灭弧罩，用螺丝刀将粘连的触点撬开。

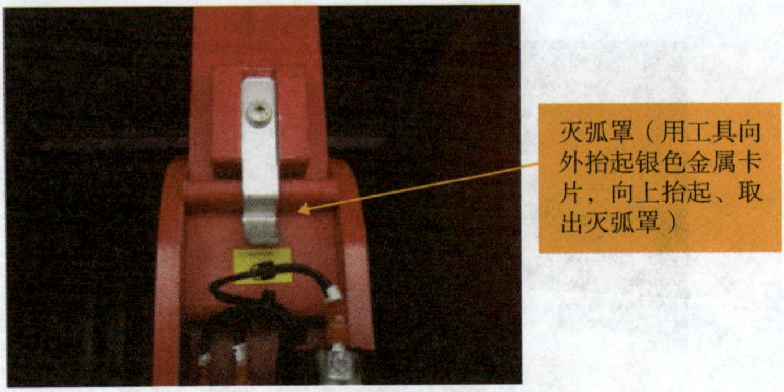

4. 必要时用万用表测量辅助触点的闭合状态。13～14，43～44间应为断位，31～32，21～22应为通位。

5. 查看接触器的编号，判断所控制的车厢号。

6. 关闭高压箱，返回车上，断开相应车的牵引、辅变空气开关，升弓、供电，检查状态。

十三、紧急位时列车管排风慢

故障现象：紧急位时列车管排风慢。

故障原因：警惕阀(N02)关闭。

应急处理：打开司机室右侧的大检查门，将右上角的警惕阀(N02)恢复正常位置。

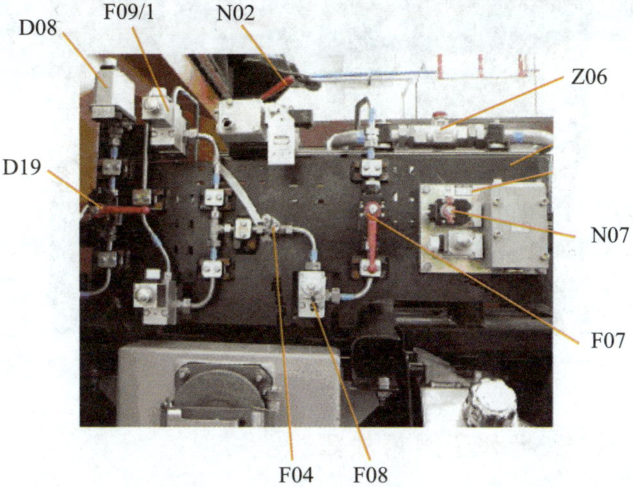

十四、列车管压力高于 600 kPa

故障现象：列车管压力高于 600 kPa。

故障原因：Z30 阀未处于关闭位。

应急处理：打开两端司机室前端左侧的大检查门，查看两端 Z30 阀状态，并置于关闭位。

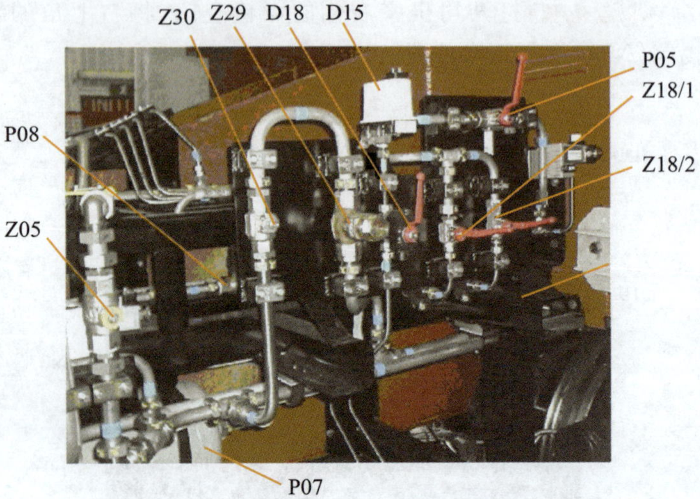

十五、半列车网络故障

故障现象：在非操纵端只显示半列车状态。

故障原因：网络通信故障。

应急处理：在车站换端时，注意检查非操纵端网络是否正常，若不正常马上进行大复位（RESET）操作。

十六、后半列显示屏不启动或显示不正确

故障现象：后半列显示屏不能启动或显示不正确。

故障原因：1. 终端电阻连接不良；2. 电源连接插连接不良；3. 网络故障。

应急处理：

1. 做大复位（RESET）。

2. 检查终端电阻。

3. 检查电源连接插。

4. 如不能恢复,利用可以使用的显示屏,切换到所需的状态,维持运行。

案 例:CRH5－001 动车组担当 D1 次,6:25 网络出现故障,只剩第二单元(5,6,7,8 车)半列牵引,8 车主监控器始终处于配置状态。故障出现后工作人员到 1 车,发现 1 车显示屏报半列网络故障。北京站到后,进行更换网关操作,故障未排除。由 CRH5－012 动车组替换。7:30 发现第一单元网络存在自复位现象,无法升弓、合主断,由于故障原因不明,短时间无法恢复,故改在第二单元进行网关复位,然后进行升弓、合主断、试牵引操作。入库后,首先对 WTB 车端跳线进行检查,发现 4、5 车之间网络过桥线连接器有缩针现象,处理后故障未消除。随后对 1 车网关进行复位,列车网络恢复但不稳定。最后对 8 车主监控器进行检查,发现 MVB 终端电阻松动,且 MVB 连接器电线存在破损现象。对主监控器及连接器进行更换,故障排除。

十七、诊断监控器只显示半列车状态(实际网络正常)

故障现象:两端司机室诊断监控器只显示半列车状态。

故障原因:1. 网关通信故障;2. MPU 通信故障。

应急处理:

1. 在两端司机室同时启动网关。

2. 如不能恢复,进行大复位(RESET)、断合蓄电池、断合空气开关操作。

3. 仍不能恢复,则在后端司机室安排专人监视后半列状态,维持运行。

案　例:CRH5－015 动车组担当 D4 次,出库联检时发现:列车网络通信缓慢,两端诊断监控器只显示本单元设备状态,无法看到另一单元设备状态。全程非主控端单元空调系统不工作。1、2、3、4 车 QEL 柜内 K25 手动强起。7:59沈阳北站开车,牵引辅助 100%,运行途中一切正常。入库后确认为 MPU 参数设置错误,刷新软件后正常。

十八、列车诊断监控器显示网络故障

故障现象:诊断监控器只显示部分状态。

故障原因:1. 网络通信故障;2. WTB、MVB 网络线不通;3. 模块故障。

应急处理:

1. 进行小复位操作,若无效则进行大复位(RESET)操作。

2. 随车机械师确认故障车的位置,查找与头车最近的那辆车的 MVB 网络线,主要检查是否有松动、虚接现象,包括屏蔽线(若不是头车,则无法接收故障车状态)。

十九、自动过分相故障

故障现象：过分相时主断自动断开不自动闭合。

故障原因：自动过分相装置故障、自动过分相传感器故障。

应急处理：

1. 主手柄回"0"位。
2. 断开主断路器。
3. 确认网压下降。
4. 网压上升并稳定 10 s 后，闭合主断路器。
5. 确认辅助变流器工作正常。
6. 操作主手柄。
7. 通知随车机械师到 3、6 车检查自动过分相装置状态，并对各开关复位，若能恢复通知司机正常运行；不能恢复通知司机遇分相时采用手动方式。

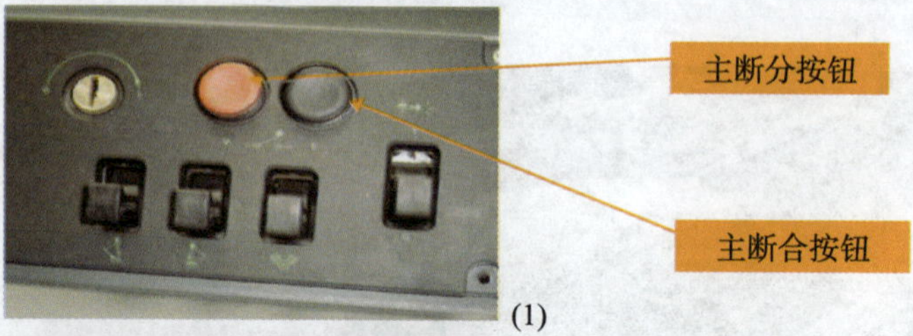

(1)

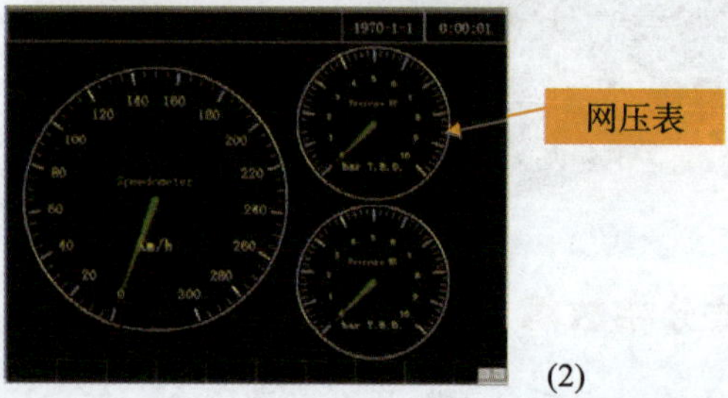

(2)

二十、ATP设备故障

故障现象：

1. ATP不能正常启动。
2. ATP主机启动后工作不正常。
3. ATP死机。
4. DMI黑屏。

故障原因：

1. 没有接收到地面信号。
2. ATP主机硬件工作不稳定或故障。
3. ATP显示器没有电源或显示器损坏。
4. 24Q01,24Q02,24Q03,24Q101自动断开。
5. ATP隔离开关打到隔离位。

应急处理：

1. 司机断开司机室左后侧电器柜上 24Q101 开关，即关闭 ATP 电源。

2. 司机检查 CTCS2－200C 机柜控制面板上的断路器是否弹起（在隔离 C2 区段时，BTM 断路器应在断开状态），如果弹起，按下该断路器。

3. 至少等待 10 s 后闭合 24Q101 开关（见下图）。

4. 在 ATP 启动过程中，如果自检不正常，在 DMI 上显示系统故障、测试不正常等自检错误信息时，重复 1，2，3 步骤。

5. ATP 启动后，司机需等到 DMI 上出现待机模式时方可开始选择等级和载频。

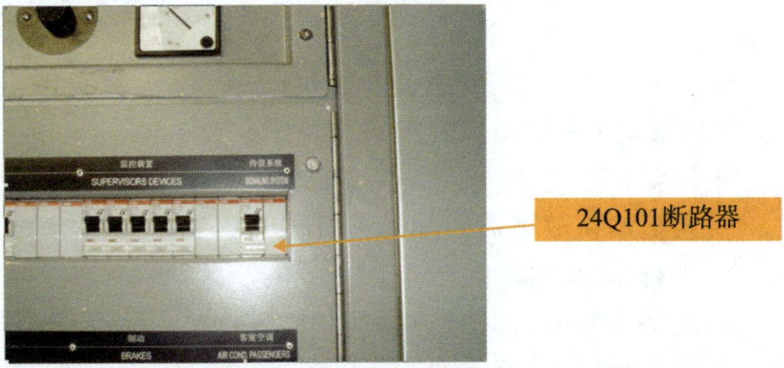

> 案　例：CRH5－011 动车组担当 D1 次，7：28 运行至 38 km＋208 m 处 ATP 死机停车，重新启动后恢复正常。

二十一、LKJ 故障

故障现象： 1. LKJ 显示器不能启动；2. LKJ 主机不能启动；3. LKJ 主机启动后不能正常工作。

故障原因： 1. LKJ 没有电源；2. LKJ 主机后侧各连接器连

接位置不正确或者松动；3. LKJ 隔离开关被打到隔离位；4. LKJ 主机后侧和显示器的保险丝烧断。

应急处理：

1. 检查 QR5 电源指示灯是否正确。

2. 检查 LKJ 主机后侧所有连接器的连接位置是否正确，是否牢固。

3. 检查 LKJ 隔离开关的位置。

4. 检查 LKJ 主机和显示器的保险丝是否完好。

二十二、电制动失效

故障现象：主手柄置于第一扇区或第二扇区时，无电制动力。

故障原因：1. 网络故障；2. 主 BCU 故障；3. 接触网不接受反馈电流；4. 电制动抑制按钮被切除。

应急处理：

1. 司机确认故障后通知随车机械师。

2. 进行小复位操作。

3. 无法恢复时，动车组只有空气制动，维持运行。

案　例：CRH5－001 动车组担当 D2 次，13:00 沈阳北开车，牵引、辅助 100%，无电制动。14:30DJ1 合不上，经小复位、27Q03 复位，14:50 恢复正常，同时全列电制动也恢复。

二十三、开门按钮灯不亮

故障现象：按下开门按钮时，指示灯不亮。

故障原因：1. 指示灯损坏；2. 没有电源；3. 门状态开关故障。

应急处理：

1. 按开门按钮，门打开，表示按钮灯损坏。

2. 检查门两侧电源按钮是否均在“闭合”位（可打开门两侧上部盖板，短连电源按钮接线。

3. 检查门控器开关是否打开。

4. 检查 QEL 柜 46Q03 空气开关是否合上。

5. 检查门完全开启状态下的隔离开关是否解锁或门开启和关门隔离微型开关是否有故障。

6. 系统内部故障。

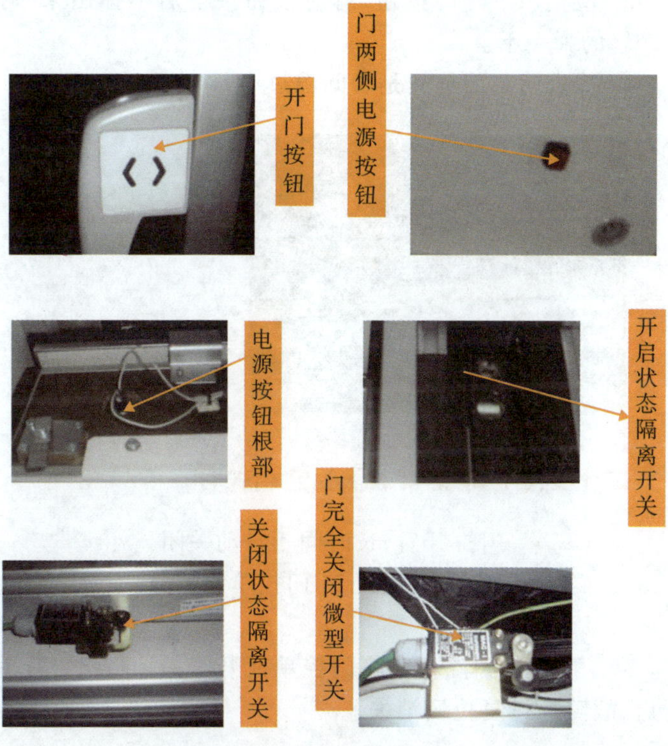

二十四、电源正常，操作时门打不开

故障现象： 按下开门按钮，门打不开。

故障原因： 1. 机械故障；2. 开门按钮故障。

应急处理：

1. 如果电机动作但门不动作，检查一下齿形带的张力，如果有松动可通过调整步进电机上的定位螺钉来调整齿形带的张力。

2. 检查滑轮组件及直线导轨处是否有异物卡死。

3. 检查一下开门按钮，有时按钮按下后不弹出来，可用手轻轻的弹一下。

4. 检查门与门框间是否间隙过小。

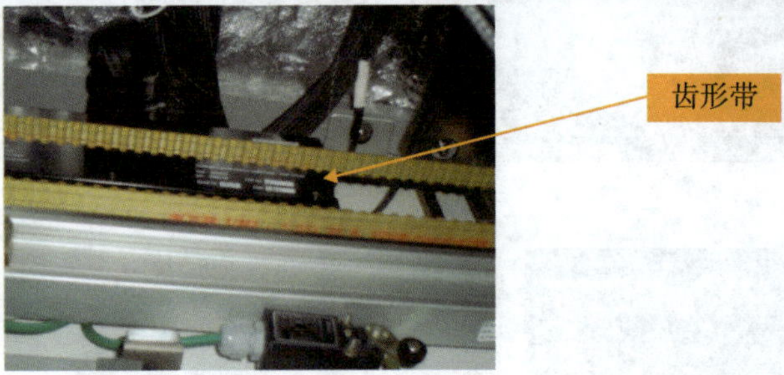

二十五、电源正常，门不自动关闭

故障现象： 门打开后，长时间不自动关闭。

故障原因： 1. 机械故障；2. 门控单元故障。

应急处理：

1. 门控单元有故障，将门控单元开关关闭等 3 s 后重新开启，故障通过复位后消失。

2. 检查滑轮组件及直线导轨处是否有异物卡死。

3. 检查门上部里外两侧带电源按钮的两块护板有错位现象，边缘有卡门的现象。

二十六、门关到一半时关不上

故障现象：门自动关闭时，中途停下。

故障原因：1. 机械故障；2. 门关闭状态开关误动作。

应急处理：

1. 检查滑轮组件及直线导轨处是否有异物卡死。

2. 检查门上方的电缆支撑链（坦克链）有无卡滞现象。

3. 检查门在动作过程中是否有配件碰撞门关闭微型开关。

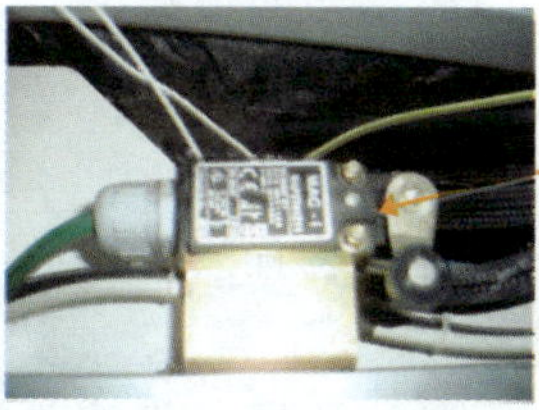

二十七、某乘客门无法正常集控打开

故障现象：司机集控开门时，个别乘客门不能打开。

故障原因：1. 门控单元网线故障；2. 网络通信不良；3. 门控单元故障；4. 门机械装置故障。

应急处理：某乘客门无法正常集控打开时，客运乘务员或随车机械师应进行紧急解锁开门操作，旅客上下车完毕后，立刻解除紧急解锁。

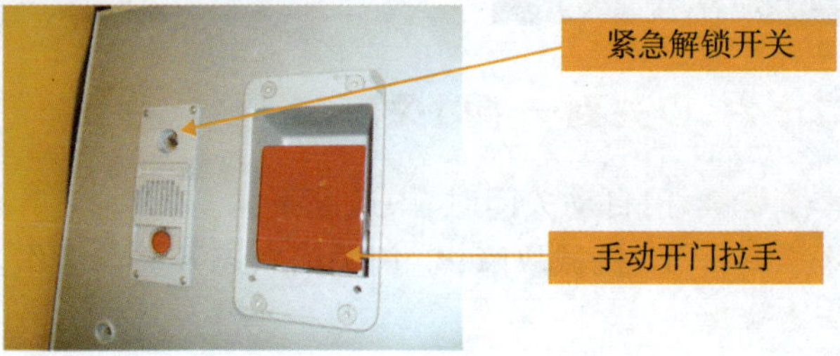

二十八、某乘客门无法正常集控关闭

故障现象：司机集控关门时，个别乘客门不能关闭。

故障原因：

1. 门控单元网线故障。
2. 网络通信不良。
3. 门控单元故障。
4. 门机械装置故障。

应急处理：

1. 司机按压黑色集控关门按钮后，司机操纵台指示灯面板绿色关门灯未点亮（红色开门灯点亮），司机应立即通知随车机械师检查车门关闭状态。

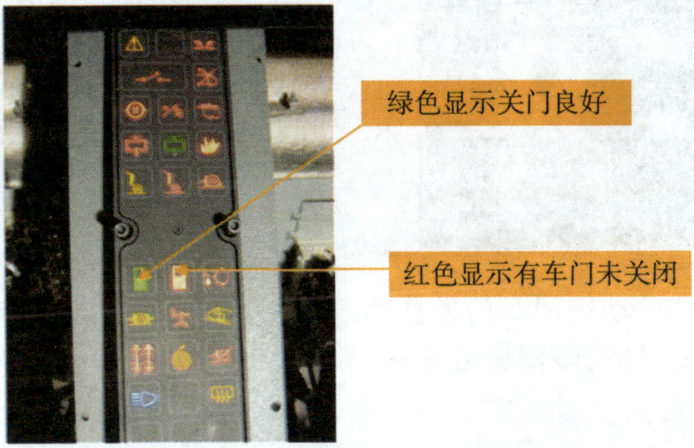

2. 随车机械师迅速到故障车门检查车门关闭状态，并按以下步骤处理。

（1）对此车门进行紧急解锁后，马上解除紧急解锁。

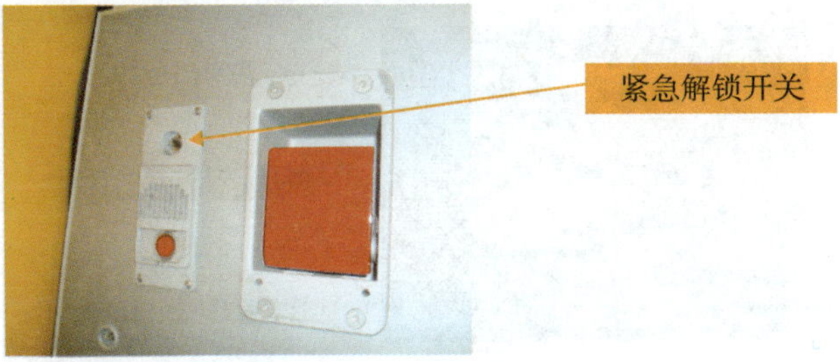

（2）仍无法正常关闭时，确认上下脚蹬状态。

（3）若无法正常收回时，用三角钥匙打开车门内侧立罩，将 S5 主开关拨至“0”位，手动将伸出的脚蹬推回后，用力拉门扇内侧扣手将车门手动关闭并锁闭。

(4)手动锁闭车门后使用三角钥匙插入门内侧隔离锁顺时针旋转 90°,隔离此故障车门。将 S5 主开关拨至“1”位,确认门上罩白色隔离指示灯点亮。

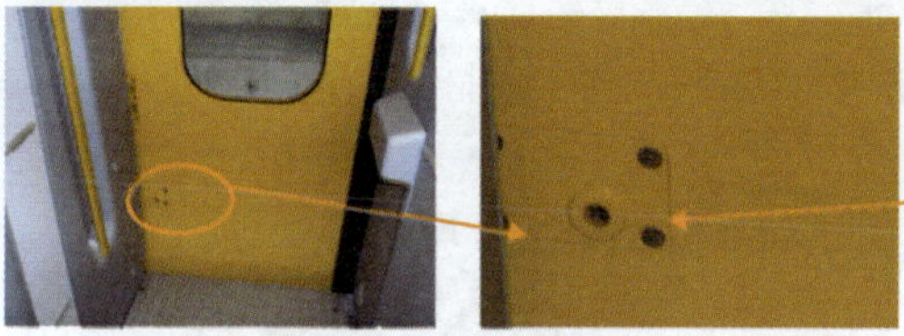

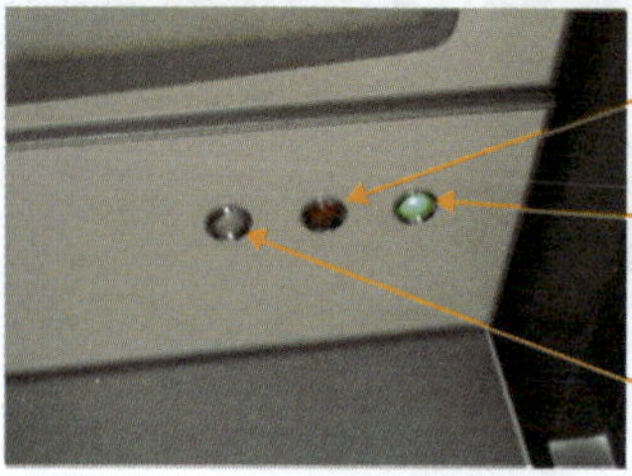

二十九、整列车无空调

故障现象:整列车空调不启动。

故障原因:

1. 空调控制开关状态错误。
2. 空调电源开关断开。

3. 控制器故障。

4. 网络故障。

应急处理：

1. 随车机械师通知司机确认空调集控开关状态，若未打开，由司机将其打到集控位。

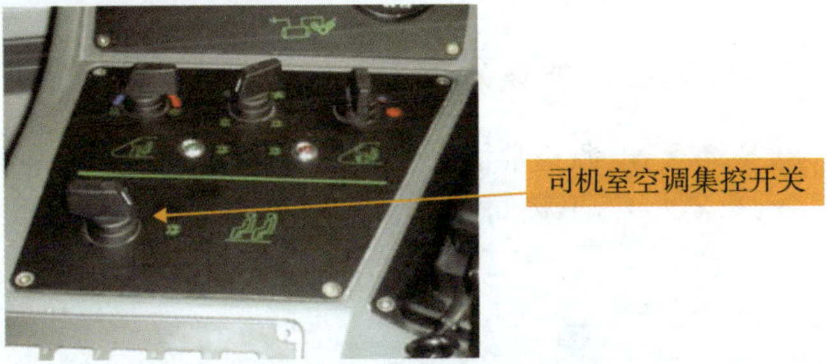

2. 随车机械师检查整列车空调控制旋钮是否打到自动位，若未在自动位，将其置自动位。

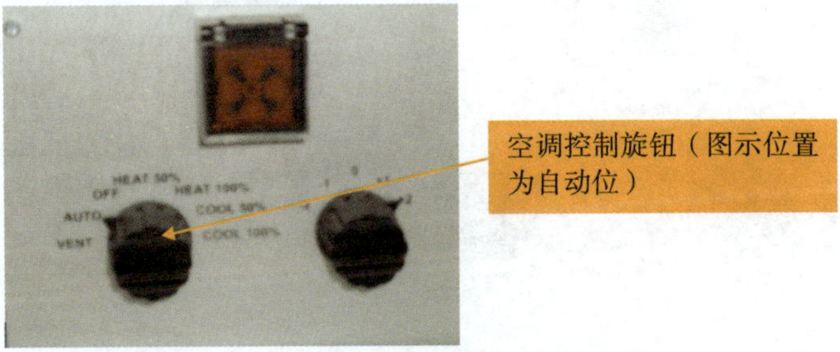

3. 随车机械师检查整列车电器柜空调控制面板上的F1、F2是否闭合，若未闭合，将其闭合。

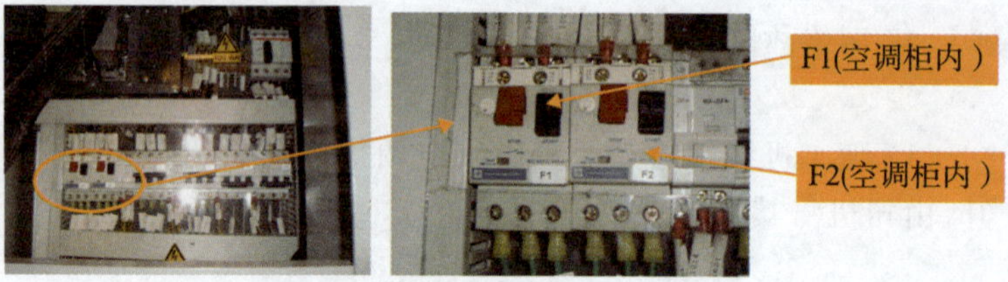

三十、某辆车空调不制冷

故障现象：电源正常情况下，个别车空调不制冷。

故障原因：1. 出风口堵；2. 控制板故障；3. 电源故障；4. 制冷剂少。

应急处理：

1. 将空调工况调整旋钮置手动50%或100%制冷位。检查空调出风口是否正常。

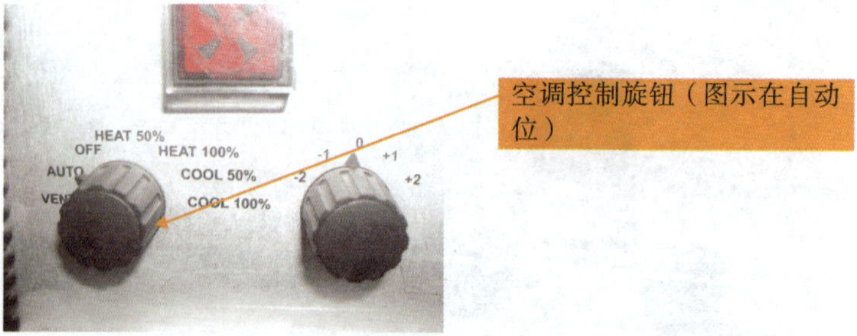

2. 若仍不制冷，手动关闭该车空调，将电器柜K27或K28接触器上绿色手柄扳至垂直方向，将空调工况调整旋钮置50%或100%制冷位，维持运行。

3. 若仍不制冷，随车机械师应会同列车长共同商定办法。有条件时可将旅客疏散至其他车厢，关闭故障车厢端门。

三十一、某车空调机组不启动

故障现象：某车空调机组不启动。

故障原因：

1. 电源故障。

2. 网络故障。

3. 控制板故障。

4. 压缩机允许启动信号处于非工作状态。

应急处理：

1. 手动关闭该车空调。

2. 关闭控制柜内 F4 空气开关。

3. 将电器柜 K25、K27、K28 接触器上绿色手柄扳至垂直方向，将空调工况调整旋钮置 50% 或 100% 制冷位，闭合 F4 空气开关，维持运行。

4. 仍不正常时，通知司机进行小复位操作。

5. 仍不正常时，查看接触器状态，如接触器灯不亮，根据情况通知司机转报列车调度员，请求停车，进行大复位（RESET）、断合蓄电池复位。

6. 仍不制冷，随车机械师应会同列车长共同商定办法。有条件时可将旅客疏散至其他车厢，关闭故障车厢端门。

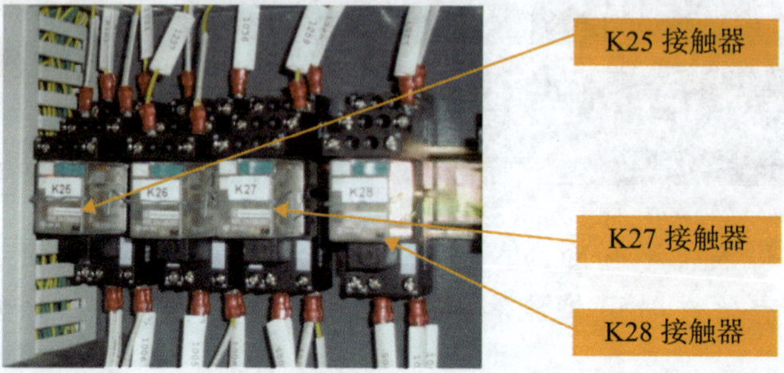

案　例：CRH5－001 动车组担当 D12 次，锦州南正点开车后发现 1～7 车空调不制冷，对配电柜内空开 F4 进行复位处理，无效后按动空调控制面板上的应急通风按钮，空调产生应急通风作用。然后将配电柜内继电器 K25 手动吸合，空调产生通风作用，但无制冷作用，20:40 秦皇岛站停车后司机进行大复位（RESET）处理，空调制冷作用仍未恢复。20:47秦皇岛站开车，从 7 车到 1 车逐车将配电柜内继电器 K27 手动吸合，旋动空调控制面板的 50% 旋钮，空调产生制冷作用。

三十二、单车或多个车只有应急照明

故障现象： 单车或多个车只有应急照明。

故障原因： 1. 照明开关或接触器未闭合；2. 网络故障。

应急处理：

1. 随车机械师检查控制柜内部照明开关是否处在闭合

状态。

2. 检查照明灯 41K07、41K08 接触器是否闭合，如未闭合，通知司机进行小复位操作。

3. 仍不正常时，检查 41K07、41K08 接触器是否吸合，如不吸合判断确属网络问题时可强行将其吸合，确保顶灯照明。

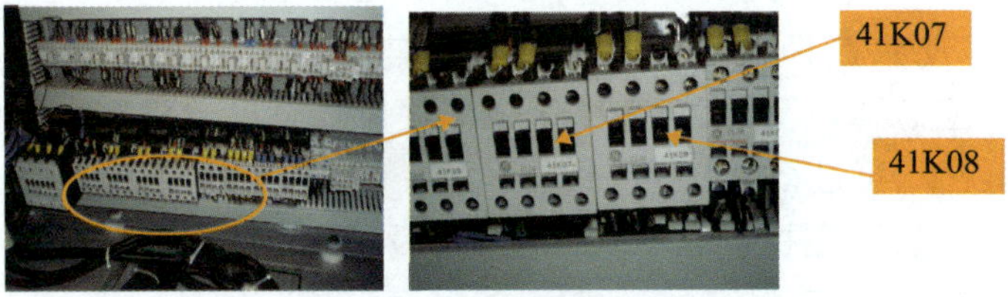

4. 通知司机在前方停车站进行大复位（RESET）。

三十三、卫生间洗手盆不下水

故障现象：卫生间洗手盆不下水。

故障原因：洗手盆感应器电路接插件故障。

故障处理：

1. 打开卫生间内垃圾桶外罩板，取出垃圾桶。

2. 找到灰水箱排水电磁阀，按压电磁阀上按钮，此时洗手盆内积水排进灰水箱内。

3. 按压集便器冲便阀，将灰水箱内积水排入车下污物箱。

4. 切断洗手盆感应器电路接插件（洗手盆停用）。

三十四、重联动车组不能升弓供电

故障现象：重联动车组不能正常升弓供电。

故障原因：1. 风压不足；2. 线路故障；3. 网络通信不良；

4. 蓄电池电压不足;5. 受电弓切除;6. 网络故障没有复位;7. 受电弓损坏;8. 受电弓碳滑板损坏;9. 主变压器故障;10. 主断路器故障;11. 高压、牵引或辅助系统过流保护。

故障处理:

(一)重联动车组发生一组车不能升弓供电情况(3和6车弓同时坏)

1. 主控车无高压供电

此状态下,需要严密监视主控车蓄电池电压(灯全部关掉,应急通风全部关掉,厕所全部关掉),蓄电池没有亏电的情况下,可进行如下操作:

(1)当主控车能控制被控车牵引动力时,重联动车组靠被控车牵引动力运行。

(2)当主控车不能控制被控车牵引动力情况。

①需要进行摘解操作。摘解后,对故障车进行复位,在故障消除情况下,再进行重联操作,重联成功后,按(1)条款执行;

②故障车复位后,在故障未消除或故障消除但重联未成功情况下,请求救援;

③将被控车倒换到主控车前面,进行重联操作,重联成功后,正常运行;

④将被控车倒换到主控车前面,当重联操作失败时,将联挂端电气车钩的气路阀门关断,利用机械车钩进行联挂,同时关闭故障车两端N02、N07,使用备用空气制动系统,限速120 km/h运行。故障车随车机械师应注意监控列车管风压和TD屏制动显示变化,保持与司机联系,避免制动系统故障,造成车轮擦伤。

(3)被控车牵引动力丢失情况。

①重联动车组进行复位操作，当被控车牵引动力恢复并且主控车能控制时，按1条(1)款执行；

②重联动车组进行复位操作，当被控车牵引动力恢复，但主控车不能控制时，按照1条③款或1条④款执行；

③重联动车组进行复位失败后，进行重联动车组电气车钩摘解，分别做复位，故障恢复时，再重联运行；故障未恢复，请求救援。

(4)如果主控车蓄电池亏电，将无电车辆直通制动和停放制动切除，然后将前后车倒换，将联挂端电气车钩的气路开关关断，利用机械车钩进行联挂，同时关闭故障车两端N02、N07，通过备用制动施加制动，限速120 km/h运行。

2. 被控车无高压供电

此状态下需要严密监视无电车辆蓄电池电压(灯全部关掉，应急通风全部关掉，厕所全部关掉)。

(1)被控车蓄电池没有亏电的情况下，可靠主控车牵引动力拖动被控车继续运行。

(2)如果被控车蓄电池亏电则将被控车直通制动和停放制动切除，将联挂端电气车钩关闭，同时关闭故障车两端N02、N07，使用备用制动，120 km/h限速运行。

3. 两列车中有一列车不能供电，在这种情况下不能使用电制动为无电车辆进行供电，因为辅助模块在这种情况下不能进行正常工作。

(二)重联车辆受电弓交叉故障(前车3弓坏，后车6弓坏；前车6弓坏，后车3弓坏)

如主控车牵引手柄能控制被控车进行正常制动，牵引力正常(前后车好弓均能使本车牵引力正常)，则每30分钟交替使用动车组施加牵引力，例如：主控车施加牵引力运行30

分后，换被控车施加牵引力再运行30分，如此交替运行。运行过程中无电动车组需将应急通风和照明关闭，将无电车一半厕所关闭，以免蓄电池亏电。

(三)两列车没有一个弓能供电(4个受电弓都坏)

1. 机车救援。救援前将重联动车组直通制动及停放制动切除，等待救援，救援机车到达后，采用过渡车钩进行联挂，使用备用制动系统，限速120 km/h运行。

2. 动车组救援。等待救援过程中，将重联动车组进行摘解，关闭电气车钩气路阀门(救援时只联挂机械车钩)。两列车蓄电池关断(灯全部关掉，应急通风全部关掉，厕所全部关掉)。如果重联动车组都亏电，需手动摘解机械车钩及电气车钩。

(1)具备重联功能的动车组救援。救援动车组到现场后，如果故障车蓄电池不亏电时，进行重联操作，正常运行；如果故障车蓄电池亏电时，则将故障车直通制动和停放制动切除，关断救援车辆与被救援车辆的电气车钩气路开关，同时关闭故障车两端N02、N07，通过备用制动施加制动限速120 km/h运行。

(2)不具备重联功能的动车组救援。将故障车直通制动和停放制动切除，关断救援车辆与被救援车辆的电气车钩气路开关，同时关闭故障车两端N02、N07，通过备用制动施加制动限速120 km/h运行。

3. 两列车均故障时不能使用一列动车组同时救援两列已经重联动车组。

4. 重联动车组在机车救援时，对车钩的限速要求仍然是120 km/h。

三十五、重联运行时制动系统故障

故障现象：重联动车组制动系统故障，单车或多车制动不能正常缓解

故障原因：1. 制动 WTB 网络线不通；2. 总风压力不足；3. BCU故障；4. ATP 引起安全环路故障；5. 警惕装置引起；6. 压力开关故障；7. 列车管压力下降引起；8. 制动安全环路故障。

故障处理：

1. 当任意一列车中任意一辆车的停放制动发生故障时，需要切除该车停放制动。切除方法：关闭 H01.07 塞门（如图所示），手动拉动停放制动缓解手柄，每车两个，手动缓解后显示器应为红色。手动缓解后，一定要确认停放制动缸已缓解。

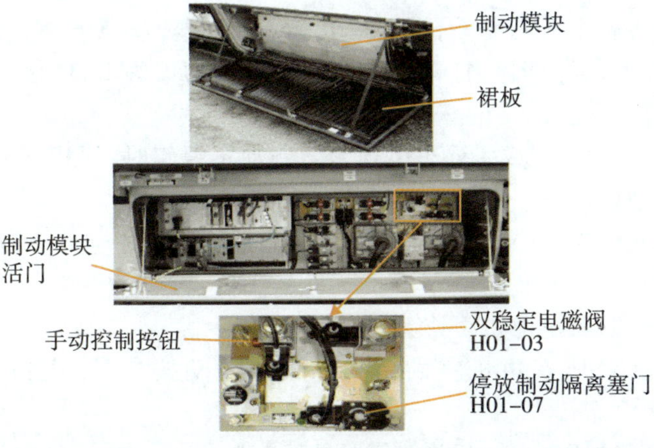

2. 当任意一列车中任意一辆车的制动控制装置发生故障时，需要切除该车制动。切除方法：关闭 B22.02（如图所示）、B22.03，关闭 H01.07 塞门；手动拉动停放制动缓解手

柄，每车两个，手动缓解后显示器应为红色。

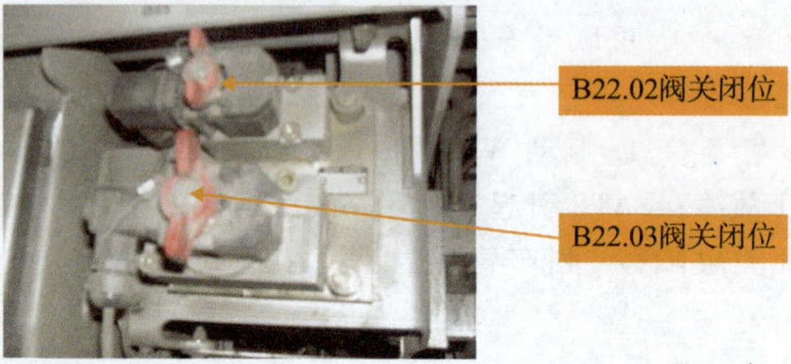

3. 当后一列车出现整列车常用制动不缓解时，在电制动正常的情况下，切除该列车（仅故障列车）所有车的直通制动，限速 160 km/h 运行。应急方法：关闭 B22. 02（见上图）。

4. 当后一列车出现整列车常用制动不缓解时，在电制动不能正常的情况下，切除该列车（仅故障列车）所有车的直通制动，启用备用制动，限速 120 km/h 运行。应急方法：关闭 B22. 02（见上图），打开主控车司机室内的球阀 D03（仅主控制司机室内）。

5. 当两列或一列车出现紧急制动不缓解时，须找到未缓解的原因：

（1）ATP（或 LKJ）是否工作正常（救援时应处于隔离位）；

（2）蓄电池是否处于工作状态；

（3）所有司机室的手柄和紧急制动按钮是否在正常位置；

（4）所有空气开关的位置是否正常；

（5）停放制动是否正常工作；

（6）如果仍无法恢复，则应切除所有车的直通制动后，关闭四个司机室前端的 N02 和 N07 阀，采用机车救援。